■ 高校学生事务管理丛书

多元视阈下的高校学生事务管理

王燕芳 ◎ 主编

中山大学出版社
·广州·

版权所有 翻印必究

图书在版编目（CIP）数据

多元视阈下的高校学生事务管理/王燕芳主编．—广州：中山大学出版社，2013.5
（高校学生事务管理）
ISBN 978-7-306-04523-2

Ⅰ. ①多… Ⅱ. ①王… Ⅲ. ①高等学校—学生工作—研究 Ⅳ. ①G645.5

中国版本图书馆 CIP 数据核字（2013）第 062104 号

出 版 人：徐　劲
策划编辑：邹岚萍
责任编辑：刘丽丽
封面设计：曾　斌
责任校对：翁慧怡
责任技编：何雅涛
出版发行：中山大学出版社
电　　话：编辑部 020-84111996，84113349，84111997，84110779
　　　　　发行部 020-84111998，84111981，84111160
地　　址：广州市新港西路 135 号
邮　　编：510275　　　　传　真：020-84036565
网　　址：http://www.zsup.com.cn　E-mail：zdcbs@mail.sysu.edu.cn
印 刷 者：广州中大印刷有限公司
规　　格：880mm×1230mm　1/32　8.125 印张　204 千字
版次印次：2013 年 5 月第 1 版　2013 年 5 月第 1 次印刷
定　　价：22.00 元

如发现本书因印装质量影响阅读，请与出版社发行部联系调换

丛书编委会

顾　　问	朱孔军
成　　员	袁本新　漆小萍　冯小宁　区向丽
	曾雅丽　林　彬　胡庭胜　李靖茂
	植秀聪　张　超　喻　洪　谢访春
	饶东方　谢海均　贺志姣　万红青
	丘木生　许　皓　邓　惠　赵锦权
	江存余

本书编委会

顾　　问	朱孔军
主　　任	漆小萍
主　　编	王燕芳
执行主编	徐斌斌　林东明
副 主 编	赵一波　徐侨妹
成　　员	（以姓氏笔画为序）
	王　毓　吴淑瑶　张昕琪　林东明
	徐斌斌　曾文崟

前　言

随着我国高等教育事业的发展，"高校学生事务管理"这一课题越发受到人们的关注。本书将通过收集来自中山大学不同部门、学科和岗位的人员对高校学生事务管理工作的看法，从多个角度对学生事务管理进行深刻反思，努力实现多视角、多层次、多领域的思想对话和意见碰撞，为构建良好的学生事务管理体系提供更多的案例和建议。

《多元视阈下的高校学生事务管理》一书是由中山大学"985"三期"专业与社会实践项目"的子课题"学术共同体视野下高校学生事务管理的反思与探新"访谈稿整理而成，主体内容共分为四个部分：教授篇、学工篇、校友篇和学生篇。每一部分均收录了多篇相关的优秀采访稿，内容涵盖了高校教授对现行学生事务管理体制的看法与建议、资深学生工作者对自我工作的反思和对学生事务管理的展望、毕业校友对自身经历过的相关管理工作的回顾和对学生事务管理的希冀以及作为学生事务管理体制的主体——学生——的亲身感受。

此外，还特别面向中山大学在读学生群体，随机派发了近300份调研问卷，了解受访者的学生生活及其对学生事务管理的建议和反思。

无论是在活动的进行阶段，抑或是在本书审稿编订的过程中，我们都秉承认真严谨的态度和精益求精的精神，希冀真实准确地反映受访者的精辟见解和宝贵建议，修改成文，整理成册，力求交出完美答卷，让读者在聆听高校学生事务的声音的同时，引发更深刻的思考。

编者

2012年10月于康乐园

目　录

教　授　篇

冯达文　愿得天下英才而教养之……………………………… 3
李　萍　引导和培养学生的自我管理能力 ………………… 10
肖　滨　学生管理不仅需要制度建设，还需要能力、操守，
　　　　更需要校园文化 ……………………………………… 23
陈六平　简化学生事务管理，注重学生修养 ……………… 32
梁洪涛　寻求最适合的而不是最理想的学生管理体系 …… 41
徐长福　学生工作要关注学生的异质性，让学生自由发展
　　　　 ……………………………………………………… 51
陈珠明　做一个多阅读、能自制、有担当和有激情的中大人
　　　　 ……………………………………………………… 60
陈　希　构建大家庭式的高校学生管理模式 ……………… 78
朱崇科　发现你自己而不随波逐流 ………………………… 91
古南永　学生工作要让学生自主学习和自主发展………… 106
翁时秀　追求学术共同体的合力 …………………………… 116

学　工　篇

郝登峰　学术和情感共同体视野下的学生事务管理模式
　　　　 ……………………………………………………… 137
莫　华　一切学生工作都应以学生的发展为目标………… 144

李善如	引导学生脚踏实地，培养专业思维和综合分析能力…………………………………………… 154
罗镇忠	三十载时代变迁　三十载桃李芬芳………… 159
曹　新	培养具有全球视野、道德智慧、专业技能、民族文化根基和国际竞争力的优秀学生…………………………………………………… 164
钟一彪	服务学生，助人自助………………………… 177
许俊卿	培养学生生生不息的信念…………………… 185
陈建存	筑情感之基，行不言之教…………………… 190

校　友　篇

给我一个支点，我将撑起一个世界
　　——谈谈课内外协调和班干经验………………… 201
学校是个大舞台，演员丰富多彩
　　——谈谈班级管理和辅导员制度………………… 208
哲学是一种生活方式，我的哲理人生
　　——谈谈大学生成长和自我管理………………… 212

学　生　篇

访谈录一……………………………………………………… 221
访谈录二……………………………………………………… 224
访谈录三……………………………………………………… 228
访谈录四……………………………………………………… 230
访谈录五……………………………………………………… 233
访谈录六……………………………………………………… 236

附录 关于高校学生事务管理工作的问卷调查（学生卷）
·· 238

致谢 ·· 242

后记 ·· 247

教授篇

谆谆告语，鸿儒德馨
——学者、教授采访一览

　　无论针对哪一个命题，作为高校知识传播、人才培养和科学研究的中坚力量，学者、教授的声音都绝对不可忽视。秉持着这一认识，立足于课题本身，我们率先展开了对各院（系）学者、教授的采访。受访的学者、教授上逾古稀，下至而立，跨越多个学科，亲历国内外不同教育环境。为求完备，我们在认真撰稿的同时，亦在真实还原采访过程，希望为大家呈上最满意的答卷。

　　在这一篇章中，在这个与学生息息相关的主题下，你将会看到不少熟悉的面孔，感受到他们的炯炯目光，聆听到他们的真知灼见。

冯达文　愿得天下英才而教养之

采访人：王少微
撰稿人：吴淑瑶

冯达文

冯达文，1941年5月生于广东罗定县。1960年至1965年就读于中山大学哲学系，毕业后留系任教。现为中山大学哲学系教授、博士生导师，长期从事中国古典哲学与宗教的教学与研究。曾任中山大学学术委员会委员，中山大学中国哲学研究所、中山大学比较宗教研究所两所首任所长，现任中国哲学史学会副会长、广东禅文化研究会会长、中宣部和教育部"马克思主义理论研究和建设工程·中国哲学史教材编写组"首席专家、国际儒学联合会理事。

【观点摘要】
"'愿得天下英才而教养之'是人生的一大乐趣。"
"越好的学校越需要关注本科生，越需要有理想的学生。学生要有更高的社会追求和更强的社会责任担当。"
"在形而上的层面，儒释道三者是一致的，都注重超越今生现世功利的追求，来实现心灵境界上的提升。"
"中国青年的生命成长，应该更加关注儒家的向度。"

"我的大学是在理想、梦想的照耀中度过的。"

采访人问（以下简称"问"）：老师，您好！您作为我们系的老教授，一定感慨良多。

受访人冯达文教授答（以下简称"答"）：人生诚如"白驹之过隙"，许多事情还没有开始，就已经"被从教45年"，还且预贺70大寿了。

问：那您能给我们谈谈您的大学生活和收获吗？

答：我的大学是在理想、梦想的照耀中度过的，那时的努力付出，使我培养了日后颇为受用的发现问题的能力与从事理论写作的能力。当时读书，常常关注一个问题的论点、论据和对别人的回应方式，从中得到很大的训练。通过理论与现实、理论与理论的比较，以及理论评价差异的比较来发现问题，才可以有突破性的研究。这是做学问的起点，没有发现问题的能力，就不会有创造。但没有很好的回应，依旧没用。只有经过自己创造性的研究，才是成功的。研究与写作能力的培养，是通过反复阅读具有典范意义的论著而实现的，严格完整的逻辑思考习惯不仅对学会怎样讨论问题有好处，也奠定了日后严谨的写作方式。现在的青年学子过分受网络语言的影响而无法句读，这实在可惜。

当时的我怀着对未来生活的理想和激情，在毕业的时候其实并没有想过要留下来教书。"到农村去，到边疆去，到祖国最需要的地方去"，这首当时的流行歌所表达的就是我当时的真实信念。但后来出于种种原因，我还是被留校了。

"'愿得天下英才而教养之'是人生的一大乐趣。"

问：那您对自己的"被留校"会产生想法吗？

答：自从被选择留校任教，就再没想过要改变职业。当年求学时，前辈老师们做学问认真的态度和求实的精神其实一直在潜移默化地影响着我。他们因为所处的那种政治环境，必以意识形态为指引对哲学、哲学史、哲学经典作判释，这在今天看来是不合时宜了，但他们传道授业的风采却依旧在我们心中留驻。时至今日，杨荣国教授、李锦全教授随口征引历史文献显示的训习，刘嵘教授概括问题显露的才气，罗克汀教授在讲台上不停走动的身影，丁宝兰教授的儒雅，陈王森教授在剖析孔子思想时表现的细密……都在我的脑海中活灵活现。

"越好的学校越需要关注本科生，越需要有理想的学生。学生要有更高的社会关怀和更强的社会责任担当。"

问：现在很多高校对于学生，特别是本科生的管理比较欠缺，您是怎么看待这个问题的？

答：我认为，第一，越好的学校越需要关注本科生。生源再好的学校，如果不好好培养学生，这些学生将来的发展也是有很大问题的。其实从国家的教育模式上看，本科生是最重要的，因为综合实力好的高校的本科生都是很优秀的。第二，怎样重提理想，这是一个很大的问题。现在社会的问题是理想与现实的关系非常紧张。面对残酷的现实，有些人就觉得理想无用。站在整个社会的角度，如果大家都把眼光限制在当前的利益上，失去社会关怀、社会理想的话，是一件很严重的事。特别是对于好的高校、优秀的学生而言，如果连他们都没有理想了，那就非常糟糕了。我觉得理想教育是必要的。古代人也要面对残酷的现实，但是有理想的人还是一代接着一代出现了，推动着社会的发展。确实，有很高理想的人是少数的，但正是这批人引领了社会的发展，所以，我觉得越好的学校越需要这样的人。

问：可是关于"理想"这个词，往往容易给人空洞之感。您如何看待现代社会价值观慢慢地从集体观念滑向个人观念？

答：总体上来讲，现在的社会还是看重有理想、有能力的人，这样的人社会往往也不会亏待他。所以把眼光放远一点，不要只看眼前能不能找一份好的工作。当然，理想要与现实相结合，要有一个向现实的过渡环节，要见于事用上，否则，理想就会陷入空谈。但是假如没有理想只屈从现实，很可能就变得很世俗、很平庸。我们需要好好解决这个问题。

"在形而上的层面，儒释道三者是一致的，都注重超越今生现世功利的追求，来实现心灵境界上的提升。"

问：先生从事中国古典哲学三十余载，儒道佛三家的思想一定对于您的教学有所影响，您能谈谈吗？

答：三家的理路、学术风格、人生导向和价值意识颇有差别，但不管选择哪一家作为自己的信念，都要注意对浅近的工具性、功利性追求的超越，要有人生的终极关怀。儒家注重的是入世担当与献身精神，对青年学子的选择或许来得更重要。但人生毕竟会有各种境遇，难免会碰到挫折与困扰，这时就需要用道家来放松自己，让自己得到精神上的放松与心灵上的自由。其实儒道两家并不矛盾，古代士大夫就将入世的社会关怀和出世的精神自由结合得很好。至于佛教，它通过对现世功利的舍弃与批判精神，成就人的道德、人的慈悲精神，也很好。就像王阳明所说的，在形而上的层面，儒释道三者其实是一致的，都注重超越今生现世功利的追求，当做心灵境界上的提升。

"中国青年的生命成长，应该关注儒家的向度。"

问：与您的谈话就像进行一次哲学之旅。那您具体是怎么将这三家的思想贯彻到自己的教学中的呢？

答：有很多人说，我的性情近于道家，喜欢清静与闲适，没有一定要得到什么，也没有一定要成为什么，只是放开自己，让心灵上的自由、活泼更多一些。但在大半辈子的研究中，我始终将落脚点定位在儒学的情感论上。有别于古希腊的理性主义传统和古中东、古印度的宗教信仰传统，孔孟原创儒学是立足于世间情感建立起救心救世的价值体系，来提取价值信念与生命智慧的，是一种甚为不同的独特的思想传统。或者也可以说，它既兼容了理性主义，也兼容了宗教信仰。它是在理性与信仰之间保持平衡与张力的一个思想体系。由孔孟儒学主导凝练而成的国民性，亦显示为在理性与信仰上保持平衡、张力的一种特性。中国人注意在理性与信仰之间保持平衡的文化精神，和由这种文化精神塑造的中国人的温情、平和、包容的心理性格，更合乎现代社会的需求，对未来也更有意义。认识到这一点，对教书育人来说非常重要。

问：您紧扣着"世间情"来评价孔孟儒学，并引申到教书育人问题，有十分深刻的哲学意蕴，能再深入地谈谈吗？

答：教书育人，首先得弄清楚"人是什么"，对在成长中的学生而言，那就是"成长为什么"、"成长到哪里去"。关于人是什么、人从天地宇宙禀得了什么，历来有许多不同说法。苏格拉底说，人禀得的是理性。这有事实依据。苏格拉底是想用理性来提升道德，这又使他对人的这种看法寓含一种价值取向。但是现代，人们已经把理性解释为如何以最少的付出获取最大的效益，理性已经违背苏氏的意愿，蜕变为一种精明地掠夺他人、掠夺自然的工具了，这就显示出苏氏的看法甚有偏失。洛克、卢梭认为人天生自然状态中禀得的是自由与平等，这是没有事实根据的，纯为一种价值观念。近代以来，这种价值观念获得了普遍的认同。但是，当这种价值观念引导出来的是每个人只讲权利、不讲责任时，我们不免依然感到非常失望。我们还是回归到儒家的观点来看吧。儒家认为，人从天地宇宙禀得的最重要的是情感。人是最富于情感、最具同情心的族类。这是有事实根据的：人的社群性生活自然、天然地使人对亲人、社会、他人有"不了情"。从价值指引看，天地宇宙让人最富情感、最具同情心，就意味着每个个人对亲人、他人和生养自己的天地宇宙、自然世界，应该比任何族类抱有更多的关爱，承担更多的责任。因此，在教书育人的过程中，我更强调儒家的取向，这与我推崇的理想教育是相一致的。

问：是的。那对于现时的教育教学方式，您有什么好的建议呢？

答：在教育教学中，"教好学生"无疑是基本目标。要按学科的基本要求，根据本、硕、博的不同水平来设计教学内容，绝不能采用迎合学生的方式。美国等一些国家和地区是看学生打分的满意程度来评判老师。注意学生对老师上课的反应，这确实很重要。但是如果仅仅为了博取学生与家长的打分而去牺牲学科的基本要求，这对学生没有好处，我不会认同。21世纪以西方式的价值中立作为学术追求，远离了中国古典教育精神。就像我上面提到的，按照中国古典教育的基本要求来培育学生，既要求学生在文献知识方面得到基本的训练，在理论研究能力方面得到提高，同时又要凸显出该学科提供的人文教养，要使学生有精神追求。也就是说，不只是以生命去求取知识，更是要以知识去成就生命。因此，现时的"国学热"对于通过传播国学来建立时代的价值信念是有好处的。但要避免商业化的宣讲使得国学基本精神有所偏离，其精神价值、精神教养这层底蕴被抽调。儒家强调的是忧患意识，而非个人性的快乐观念。强调用个人的努力、生命的付出来救心救世，才是儒学的本怀。

所以，中山大学推行通识教育是件非常值得提倡的事。国外靠宗教提升道德，培养超越精神；而中国文明则由儒释道诸家缔造，接续中国文明亦应该有赖于对儒释道诸家的重新解释。20世纪以来,中国社会与传统断裂得厉害,因之,国民的教养也被糟蹋得不成样子,所以,培育人的精神追求显得更加迫切。中山大学的学生不要俗气,要有教养、有气质,那才配得起中山大学这所高等院校的地位与荣誉。

【采访后记】

冯达文老师是一位乐观睿智的老先生,那些沧桑的岁月在他的话语里不带沉重的痕迹。他对人生、对社会依旧怀揣着一种理想,对生活依旧带着感激的情怀。被老先生感动之余,我们也在反复思索冯老师的寄语:这个社会需要一种理想的支撑,需要好大学,需要有理想的青年学生,尽管我们的人力有限,但仍要去践履,因为社会正是在我们一代一代的付出中获得发展的。

李萍　引导和培养学生的自我管理能力

采访人：杨航
撰稿人：杨航

李萍，1957年生于广东蕉岭。1978年考入中山大学哲学系，1982年毕业留校，先后在思想教育研究室、德育研究所、理论部、教育学院、社会科学教育学院任教。1994年至1997年攻读中国人民大学伦理学博士研究生，1997年获哲学博士学位。首批"新世纪百千万人才工程"国家级人选，获得国家级优秀教学成果奖二等奖、教育部第一届百名优秀"两课"教师荣誉称号。现任中山大学党委副书记。

李　萍

【观点摘要】
"过去的教育，只是抽象的政治教育。"
"我认为大学生完全有自我管理的条件。"
"过去我们讲青年就是未来，其实青年也是当下。"
"加强本科教育是我们共同的理念。"
"大学的管理本质上还是教育。"

"我们那一代人的学校生活不需要太多的管理,因为我们每一个人都有很强的自我管理能力。"

采访人问(以下简称"问"):我们这次访谈的主题是关于高校学生事务管理的。在进入主题之前,我想了解一下您在上大学的时候,您的学习和生活是什么样的状态?

受访人李萍教授答(以下简称"答"):我上大学的时候,是恢复高考后的第一届。在我们班,应届的学生没几个,绝大部分都有下乡或者工作的经历,有些人已经工作十几二十年了。当时,班里有从事各种职业的同学,有一部分甚至是在工厂或者学校里当领导的,所以,同学之间的年龄差距也比较大。当时班里最小的才16岁,这位同学现在在云南工作。而我是下乡了两年半左右才考上大学的。

问:根据您的观察,当年的学校生活和学生事务管理是否比现在简单很多?

答:我认为,首先,我们那一代人的学校生活不需要太多的管理,因为我们每一个人都有很强的自我管理能力。我们都是从那种大风大浪的社会生活中过来的,因此,大家都非常珍惜学习的机会。

其次,我们那个年代,刚刚粉碎了"四人帮",恢复了高考,因此,是一个解放思想的年代,是一个迈入改革开放的年代。70年代末80年代初,刚好是我上大学的时候。那时候,有各种"大讨论",但最后还是归结到哲学,比如人道主义问题、异化问题等等。因为我们这些人都或多或少地经历了那个年代,所以有这样的"大讨论",我们都很关心,也很积极地去参与讨论。一方面,我们很珍惜在课堂上学习的机会。那时候,每当我们遇到问题,都会跟老师一起讨论,然后看书、做笔记。现在的学生基本不做笔记了,但当时,我们几乎把老师讲的每句话都记了下来。

另一方面，大家都有十分活跃的思想。那个时候没有网络，大家都在参加各种社团。诸如文学社、诗社之类的社团非常多。那个时候的文学社和诗社是最好的，聚集了一大批文学青年、诗人。

问：就是77、78、79这三届吗？

答：只是77届和78届。77届很少应届生，78届大部分也还是往届的。79届是一个分水岭，在学生中应届生已经占了绝大部分，虽然还有一些有工作经历的学生，但比例很小。

问：原先我还以为，"新三届"的学生尽管思想比较活跃，但是校园里的学生组织还是会比较少。但听您这样说，学生社团的数量似乎是很多的？

答：我们当时确实有很多学生社团，而且关注的并不是娱乐性的内容，跟现在不一样。我们那时候的学生社团，关注的是国家和社会的命运，刚好经历过那个时代嘛。因为学校里聚集了一大批既有才华又有实践经验的、很成熟的人，所以那个时候社团也非常多，而且老师基本上不用怎么管我们。

"我们的管理，可以通过教育这个渠道来引导学生去了解问题，去认识问题，但最后必须由他们自己做出决定。"

问：那个时候也有党委、辅导员、班主任，是不是因为刚刚开始改革开放的关系，他们对学生的思想、组织活动的约束会比较少？

答：过去所谓极"左"的路线就是以阶级斗争为纲、对人性的不尊重，我们那个年代的学生谈不上太有个性。现在，学生个性都比较张扬，并且老师的管理行为很多时候都会牵扯到人的独立性的问题。不管我们进行什么样的管理，都会把尊重每个人的个性放在第一位，作为我们的基本要求。在我念大学的时候,尽管已经开始改革开放了,但是大学管理依然带有过去的"惯性"。例如,我们那时每个星期还有政治学习,内容就是看报纸什么的。过去,我们的思想是被禁锢的,我们的脑袋都长在了老师的脑袋上,老师说什么就是什么,好像不需要我们自己去想一样。在那个时候,尽管"思想自由"已经作为一个问题被提出来了,但是还没能成为普遍的共识。所以说,今天要比过去大大地进步了。

后来我为什么会选择德育这个领域呢?正是因为,我觉得大学时代对于年轻人而言,是确定人生观和价值观的最关键的时候。在这个阶段,我们会产生许多困惑。我们跟人打交道,跟社会打交道,接触到很多东西,于是我们开始用自己的脑袋去想问题。但是,政治学习并不能解决这些困惑。因此,我就觉得应该为这种教育状况带来改变。我毕业的时候,既可以留在哲学系当老师,也可以去机关。但是我选择了还没有成立的德育调研室,后来叫做德育研究所。我创建了这个调研室,并且留在了那里。我认为,过去的教育,只是抽象的政治教育,这种教育缺少对人生的很重要的关照。其实人的政治的成熟是跟他的人生的成熟和发展联系在一起的。对大学生来讲,想要形成自己的思想,从而解决种种人生困惑,凭借这样的"政治学习"是不够的。因此,我创建了德育调研室,我想要和学生一起讨论,一起成长。

我觉得教育应该是一个共同成长的过程,而不应是单向的"管理"。在过去,"管理"更多的是指思想上和生活上的"保姆"。但是我觉得,大学的管理不应该是过去那样的"管理"。因为大学生是有独立思考能力的,所以我们的管理,可以通过教育这个渠道来引导学生去了解问题,去认识问题,但最后必须由他们自己做出决定。

"我对高校学生事务管理的看法是,应该更多地引导和培养学生的自我管理能力。"

问：想要把某种价值观传播给学生，只能引导学生自己去认同它，而不能强迫学生去接受或者代替学生下决定。这是您在求学时代的经历的影响下，产生的一个育人理念，是吧？

答：对，这是我的一个基本的理念。而我之所以会有这样的想法，之所以想要在这个方面去做出一些改变，确实与我在读书时的感受有关。我们那个时候的大学，在《学生守则》里面有"学生不能谈恋爱"的规定。我认为这样的守则是极不人性的。在我们那几届，很多学生的年龄都比较大了，他们都超过了法定的结婚年龄。因此，学生谈恋爱乃至结婚都是不违法的。那时有些系的老师比较开明，便睁一只眼闭一只眼。但很多系都是棒打鸳鸯的，毕业分配工作的时候，便把一个分到这里，一个分到那里。这反映了那个时代对人性、个性，以及人的基本权利的无视。所以说，现在的年代比起当年来说是大大地进步了。时代有了很大的变化，现在跟过去相比，管理的形式和特点已经不一样了。并不是说过去所有的东西都不好，但是人的理念是随着社会进步而发展的，现在讲个性和人的尊严。中央都提出以人为本，这是一个革命性的巨大的进步。

如何能使我们的教育和管理更好地发挥作用？在这上面确实有很多问题还需要我们去研究，因为人们还是会受到"惯性"的影响。实现理念还可能有不同的路径。就像我们给学生上课，尽管是同样一门课，面对理科的学生或者是文科的学生，面对哲学系的学生或者是技术学科的学生，我们的授课内容会有不同的案例或其他差别，这是因为我们要因材施教。在这里面也是有一个基本的教育和管理的理念与价值观的。

总的来说，我对高校学生事务管理的看法是，应该更多地引导和培养学生的自我管理能力。我认为大学生完全有自我管理的条件。

问：就是在学生的社团活动、学习生活上面给他们更大的发挥的空间？

答：对，更大的空间。学生完全可以自己来管理这些事情。当然，在学生自我管理的过程中，老师可以对学生进行一些引导。

现在的学生更聪明了，但是他们的成长还需要经历各种实践。国家有国法，大学有校规，我们把最基本的东西确认下来以后，应该留出一个更大的空间给学生，因为真正的教育就是实现自我教育。这是所有教育家都明白的一个道理。有一件事给我的印象很深刻。这件事发生在很多年前，大概是2000年或者是2001年的时候吧。那时，珠海校区刚建成不久，学校正在讨论"学生宿舍晚上几点钟关灯"的问题。后来学校决定让学生自己来讨论，因为这本来就是他们自己的事情。但是有一个家长打电话给我，说不能让学生自己讨论，学校就应该规定宿舍晚上12点钟前必须关灯。我听他抱怨完以后，便跟他讲了我的观点：我们的大学生如果连这个问题都不能讨论清楚，不能达成协议，将来怎么走入社会去工作？学校之所以要给学生这个讨论的机会，就是要赋予他们管理自己的权利，并且让他们学会跟别人协调。后来这位家长也觉得我讲得有道理。

"我觉得教育和管理是相通的。管理不同于教育的地方是，它有底线、有规范。"

问：在大学里，必须让学生在进入社会之前有一个试练。

答：对。过去我们讲青年就是未来，其实青年也是当下。把青年当做未来，是传统的教育观点，它认为青年们只是"未来"，当下靠我们成年人去管就好了。

问：而当我们讲"青年也是当下"的时候，就是让学生学会去管理自己的事务？而只有这样，才能达到我们的目标——最大程度地实现因材施教。

答：对，因为教育的最高境界就是实现自我教育。就像老师给学生上课，如果学生自己对学习没有兴趣，就算老师讲再多他也听不进去。但是如果学生是一个有学习的兴趣，并且善于学习的人，那么他听完一点就能想到很多，他会去查阅很多相关的材料，还能向老师提出问题。我曾经跟我的博士研究生讲过，考上博士其实只是获得了老师给你的一个平台，并不是每一个学生研究的具体问题老师都有研究过。现在学生做论文不是老师出题的，他们要有自己的思考才写得出来。老师能给学生的更多的只是一个平台、一个机会。老师具有很广的知识面，他对问题往往有一个整体的把握，可以带着学生去讨论。并且，老师在方法论上可以给学生一些指导，但实际上还是得让学生自己去做。我认为，无论是知识教育、人生教育，还是思想教育——思想教育就是价值教育——并不是老师说怎么样就是怎么样，老师只是告诉学生"理"在哪里，跟学生讲清楚"为什么"，然后就跟学生交流讨论。我自己的体会是，有很多东西学生未必是看不到的；很多学生在一些问题上的看法，也许不一定是很深刻、很全面的，但往往会有很先进的观点。而且，老师与学生之间的讨论，是一个相互启发的过程。通过对问题的共同探讨，老师和学生是可以互相促进的。

我觉得管理和教育是相通的。管理不同于教育的地方是，它有底线、有规范。最基本的规范是保证公平性、公正性，这很重要。有了这个底线之后，其他具体的层面、具体的措施，就要取决于学生个人的情况了。但是在确定这个规范的时候，我们一定要非常慎重，一定要经过充分的考虑。像我们那个年代规定大学生不准谈恋爱，从一开始就错了。本来在确定这个规定的时候，应该有充分的讨论。但那时的管理是自上而下的。

问：现在更多的是有互动的？

答：对，经过三十多年的改革开放，人们的理念还是有变化的。

"我认为，真正有意义的、对学生有帮助的指导，必然是根据学生的特点来给出的。"

问：现在的学生有两种，一种在毕业后会留在象牙塔里，继续从事学术研究；另一种则会走出校园，走向社会。您认为学校在教学的时候是侧重培养哪一种类型的人才的？您在这个问题上有什么看法呢？

答：对于各个院（系）而言，这往往取决于其领导班子的教育观。在我看来，大学不可能像中学那样搞文理分班，对于真正的好学生而言，全面发展是很重要的。从学校的层面出发，应该为大学生基本素质的培养提供充分的机会和良好的环境，例如设置各种不同类型的选修课。因为学生们想法不同、起点不同，所以要制订那种"大统一"的规定是很困难的。这几年提出要加强本科教育，因为本科教育是"通识的"，是最有普遍性的基础阶段。通过这个阶段的学习，可以为学生日后的研究打下一个思想方法的基础，并非单纯的、能获得多少知识的问题。有的学生在经过这个阶段的学习积累以后，甚至会产生思想方法的改变，从而找到自己的兴趣、目标等等。因此，从学校的层面很难把这两种学生分开。我们现在之所以要加强本科教育，主要还是因为本科教育是整个高等教育的最基础的部分。

问：不管是出去工作还是继续做学术，学生在本科乃至研究生的学习期间，您觉得教授，特别是没有其他行政工作负担的专职教师，应该给学生怎样的学术指导或者其他方面的一些帮助呢?

答:教师不管有没有行政工作,都有一些基本的职责:在自己的专业领域里面带硕士研究生和博士研究生的话要给一些指导和启示,在学生的学习成长中要给一些引导和帮助。履行这些责任的时候,每个老师可能有不同的方式。例如,在教学过程中与学生进行讨论,帮助他们进行论文的选题;又如,当学生写论文遇到问题的时候,老师要给一些指导的意见;等等。我觉得不管是什么专业的老师都要关心学生。我认为,真正有意义的、对学生有帮助的指导,必然是根据学生的特点来给出的。因此,我很强调孔子提出的"因材施教",导师在进行指导的时候,一定要充分考虑到学生的个性和特点。

"'导师'不应只是专业学习上的导师,他们还应关注学生如何规划自己的人生。"

问:美国长春藤高校,要求每一位专职教师都要给本科生开课。您觉得在中山大学范围内实行这样的规定,有可行性或者有必要性吗?

答:加强本科教育是我们共同的理念,因为我们认识到,本科学习是学生将来成材的重要基础。要如何去实践这个理念呢?我觉得在具体的实践方式上,各个学科、各个学院可以不一样,因为不一样的学问会有不一样的做学问的方式。像你刚才提到的"要求教授给本科生开课",也是一种加强本科教育的方式。这种实践方式,我知道很多院系都已经有了。教授给本科生上课,这是我们多年来所要求的。教授除了给研究生上课,每年至少要为本科生开设36个学时的课程。这种要求我们早就有了,但问题不在于是否上课,而在于如何鼓励教授增加在本科教育里面投入的时间和精力,以及如何使教授和本科生的交流更为密切。我觉得现在的学生基本上都不找老师了。

其实只要你愿意去联系他们，我认为老师不会不理你的。

问：我觉得很多同学都没有意识到，其实他们有一个可以跟老师保持沟通的渠道——电子邮件。同学们上完课，即使心里有疑惑，也很少会发邮件问老师。可能因为老师们一上完课就走了，因此同学们——尤其是珠海校区的同学——会觉得跟老师之间有种疏离感。

答：这种疏离感在美国的大学里也会有。交流是双方的交流，因此这种状况的出现，责任并不完全在教授身上。一方面，教授们的工作任务确实也很重，自己也要做研究。但是另一方面我也观察到，现在的学生不像我们当年那样经常和老师进行讨论，他们缺乏一种内在的动力，老想着赶快下课就算了。我们那个时候非常刻苦，早上起来就去跑步，跑完就去读外语，读完外语才去吃早餐。因为我们有一段被耽误了的时光，所以我们想要补回来。现在的学生，在经历高考后普遍都显得很疲倦，他们误以为进了大学就是解放了。我并不是在怪罪学生，关键还是要系统反省我们的教育制度。我曾在美国当访问学者，他们的管理看起来很松，但实际上给了个人很大的努力空间。中小学生是不允许带书包回家的，你回家想干嘛都可以。但是那些立志要考到常青藤的学校、获得奖学金的人，他们的压力比我们还大得多。我的理解是，这种制度给了刻苦好学的人以机会，而我们的制度却过早地把学生的学习兴趣给扼杀了。现在的问题是，我们的学生没几个会主动去找老师问问题的。

问：在您看来，会不会觉得现在的学生，在课堂上不如你们当年那般积极地去和老师讨论问题，但是课外活动反而丰富过头了，又是学生社团又是兼职？

答：我觉得并不存在课外活动太丰富的问题。当然，个案总会有的，但关键还是看你怎么去做好自己的人生规划，因为时间毕竟是有限的。大学本科只有四年或者五年，在这么有限的时间里面应该做些什么事情，不同的人会有不同的规划；而不同的规划，又可能会使学生在毕业以后拥有不一样的起点。因此，"导师"不应只是专业学习上的导师，他们还应关注学生如何去规划自己的人生。我们可以跟学生进行讨论，根据他们的个性特点和他们立下一些约定；也可以给他们创造一些机会，可能学生需要一些机会但是自己找不着，我们可以向他们提供。最重要的是，我们要让学生知道自己想干什么。每个人情况都不一样，有的人可能觉得家庭非常困难，于是学有余力便去做一些家教，这类学生最迫切的需求是解决眼前的困难；有的人可能家庭没有那么困难，但是比较胆小，于是想要通过社会实践来学会如何与人沟通。各有所需，这两类人看起来做同一件事情，但他们的目的是不一样的。关键在于"平衡"：大学就这些时间，要如何根据自己的人生规划来进行时间的分配？身为一名导师，你很难给学生定下一些很死的规矩。但是你一定要知道你的学生在干什么，否则你不能算是一个用心的导师。至于学生应该去干什么，我们可以和他交流讨论。你知道了他在干什么，便可以提出一些意见来提醒他。你要知道你的学生所能达到的目标，因为不可能每个学生都成为哲学家。毕业论文顺利通过是最起码的，如果能够在原来的基础上有所进步，并且在专业领域内有自己的见解，那就更好了。

老师的工作应该包括两个层面，一个是学习上的指导，一个是人生上的关照。老师的"教书"和"育人"本来就是一体的。而作为学生，则要知道自己想干什么和能干什么。

"大学的管理本质上还是教育。"

问：您刚才提到要让学生学会自我管理，自己管理自己的事务，那么像现在院系的书记、辅导员等专职的学工人员还可以扮演一个怎样的角色？

答：就是一个教育者的角色。大学的管理本质上还是教育，因为你们都是成年人，教育者的角色就是去关心你们身心的成长，并非只是一味地去规定你们能做什么、不能做什么。更重要的，还是让你们学会学习、学会生活、学会管理，让你们在学习中成长，这是教育者的基本责任。管理层面上的每一件事情，都可以从这个角度去考虑。

问：学校团委很大一部分工作就是管理学生的社团活动。您认为校团委在全校范围还需要做哪些事情？

答：具体的细节我不了解，但是我知道他们组织了很多非常不错的活动，例如，每年的"三下乡"、研究生支教团等等。正如我前面所说的那样，大学最重要的任务，是给学生创造一些机会，在"底线"之上给他们一个更大的舞台。一方面固然要有明确的规范，但另一方面还需要有一个平台让学生做选择，在选择中进行学习和管理。学生是做主人的，而团委组织的活动，正是为大学生的"做主"提供一个平台。

如何让管理的制度更科学、更符合大学生教育的规律，我觉得还是有一些问题可以探讨的。我们可以和学生坦诚地讨论。

问：最后一个问题，我们偶尔会听说校园里发生了一些突发事件，如学生坠楼、校外人员闯入女生宿舍等等。对于这些突发事件，您觉得学校、学工人员、教师和学生这些不同身份的人，各自可以做些什么？

答：学生教育的一个重要内容是防范性的教育，如人的自我保护、安全意识等等。学校和老师可以运用一些案例来提醒大家，而不是等到出了问题才进行教育，毕竟每一条生命都是如此宝贵。从学生管理者的角度而言，预防性的教育还是要加强的，包括对作弊行为的预防。现在有些学生还存在作弊的行为。我有一个很熟悉的学生，他本来蛮好的，就是因为在军事理论考试的时候作弊，最后被取消了学位。他也许觉得军事理论不是专业课程，即使看一眼也不会有什么问题。结果完了，后面三年再也没有机会了。后来我们也修改、完善了条例。但无论如何，你作为学生必须要诚实，要坚守一些基本的规范。你如果现在可以作弊，将来也就有可能做出性质更恶劣的事情。当然，学校也要考虑到学生会抱持这种侥幸的心理，因此要时常提醒学生务必遵守规范。

为了应对各种可能的突发事件，第一步是开展积极的品德教育和心理健康教育；第二步是保持沟通，时刻关注同学的情绪变化；第三，在出现问题时，及时想办法解决。这是三个过程，我觉得这三步都非常重要。

问： 您觉得在某些突发事件发生以后，有没有必要在学校范围内第一时间进行公开？

答： 有时候，我们的目的不在于公开而在于吸取教训。因为公开后每个人的看法不一样，反而不利于问题的解决。完全公开也好，适度公开也好，目的都是事情的完满解决，并从中吸取一些教训。但工作做得再充分，也不能保证绝对不出意外。没有必要把每个意外都拿来炒作，这反而不正常了。

【采访后记】

她是刺促不休、墨突不黔的校党委副书记，她更是循循善诱、诲人不倦的伦理学、思想政治教育学博士生导师。在采访中，李萍老师用和风细雨的言语传达着她的育人理念——教育的最高境界是实现自我教育。她强调尊重人性、因材施教、引导学生独立思考的重要性，表达了她对当今大学生积极进取、在大学期间做好人生规划和学会自我管理的希冀。

肖滨　学生管理不仅需要制度建设，还需要能力、操守，更需要校园文化

采访人：王少微
撰稿人：詹捷宇

肖　滨

肖滨，1961年1月生于四川。1987年在中山大学获哲学硕士学位，1998年在中山大学获哲学博士学位。2000年至2001年在美国哈佛大学燕京学社做访问学者。主要研究领域为政治理论、当代中国政治与政府。中山大学行政管理中心教授、政务学院教授，博士生导师。现任中山大学政治与公共事务管理学院副院长。

【观点摘要】

"平衡的前提是分清楚主次轻重，哪是本哪是末，哪是主哪是次。"

"作为一个学生，你看重什么？你追求什么？你期待什么？你需要什么？我觉得这些是很重要的，主要是你的偏好跟你的选择。"

"对学生的管理要更为人性化，更为个性化，更为细致化。"

"对本专业学习要学好,同时要把专业面拓宽一点。在这个基础上,我觉得参加一些社团活动,参加一些社会实践,甚至是考一些证,都是必要的。"

采访人问(以下简称"问"):有部分哲学系的同学认为自己的学科学习没多大的用处,如为了找工作可能需要更加重视社会实践。而专业学习和社会实践难免存在冲突,请问您当年在学习的时候是怎么平衡这两点的呢?

受访人肖滨老师答(以下简称"答"):其实我们读本科或者研究生的时候没有什么就业压力,因为那个时候是包分配的。所以,我们没有你们今天这样的问题。你提的这个问题在今天具有普遍意义,不只是你所学的哲学专业的本科生有这个问题,文史哲也是,包括我们学政治学的本科生,甚至是行政管理的学生都存在这个问题。换句话说,比较基础性的学科,那些操作性、运用性不是那么强的专业的,其实这个问题都很突出。有些专业的操作性比较强,如学医的,他的实习就是他专业学科学习的一个部分。所以,你们提到的问题不仅仅是哲学系的同学遇到的问题。

我对这个问题的看法是这样的。对学生来讲,以学为主。我们还是应该把自己的专业学好,在这个基础上可以跨学科学点东西。比如说学哲学的,可以多训练文史。如你们有一门课就叫中国哲学,读中国哲学的不了解中国历史,不了解中国的文学,那是不可想象的。学哲学的也可以学一些法律,法律里面有一门课叫做法理学,这与哲学有很大的关联。学哲学的也可以学点政治学,政治学专业学生学的中国政治思想史、西方思想史就跟中西哲学有交叉的部分。我从哲学系毕业之后到政治系工作,开的第一门课就是西方政治思想。西方政治思想跟西方哲学不是蛮有交叉的吗?讲西方哲学不是要讲柏拉图、亚里士多德、洛克、黑格尔、康德吗?那么,我讲西方政治思想史也要讲到这些人。所以，我的观点是，对本专业课程要学好，同时要把专业的面拓宽一点。在这个基础上，我觉得参加一些社团活动，参加一些社会实践，甚至是考一些证，都是必要的，这也是一种就业的准备嘛！但是，应该有一个主次之分，也就是说不要把主次混淆了。不要一进大学就要忙着找工作，而且脑子里面总是在想着实践经验，这就把主次颠倒了。其实我的观点是这样的：读本科的时候就要多读点书，社会经验的话将来出去有大把机会，可以慢慢去了解和接触。而且本科阶段时间有限，也不可能很深入地去了解社会，就算是实习，也是蜻蜓点水式的。我不大赞成学生花太多时间去参加社团活动、社会实践、实习。当然搞一点是必要的，但就是不要花太多的时间。

问：您是在中山大学完成硕士和博士学位的，您那个时代是否都是往学术方向走？还是会进行一些学生活动？

答：我们那时的主要精力是在读书上的，鞠实儿老师读书就非常用功。鞠老师是50年代初出生的，他当时差不多30岁了，他的儿子也出生了，但他读书非常用功。我们那批人读书都非常认真，但是我们也关心公共事务，也会参加一些社团活动。比如我们参加了研究生会，研究生刊物我们也会介入。我们是1984年到1987年在中山大学读硕士。80年代是比较开放的年代，所以我们做了很多学生讲座。我们自己也会上去讲。我们也参加一些学生社团活动，也任职于一些刊物。我记得当时有个学生，现在在深圳大学当教授，他创办了一个学生读物，叫做《钟声》。所以说我们也会介入一些学生活动，但是主要精力和时间还是在读书和学习上。那个年代的学生比较有激情，对外部的干扰不太敏感，社会的商业化气息没有今天这么浓，大家也没有那么功利。

"同学们在这样一个社会中，要想两个问题，一方面要想自己的生存以及相应的发展,另一方面也要想自己的追求和理想。"

问: 部分同学很想向学术靠拢,但有时候有一些急功近利。

答: 这个可以理解,你们也不能简单地向我们学,因为生存环境不太一样。举个例子,现在生存成本比那个时候要高一些,就业也困难一些。

但是现在没办法,社会整体都变了,商业的冲击短时间内是无法克服的。最重要的是,对每个个体而言,怎么选择,怎么来平衡和把握,内心深处能不能保存某些东西。这是每个人自己的选择,没有谁有办法要求某个人怎么样。因为每个人的生存处境不一样。举个例子,有些学生的家庭环境好一些,生存压力就小一些;有些学生的家庭就特别困难,他的生存压力肯定要大一点。但是事情没有那么简单。也有一些学生就是因为家庭条件不怎么好,反而看淡一些东西,有些家庭条件好的反而把物质看得更重。

在这样一个时代,个体的选择变得非常重要。作为一个学生,你看重什么?你追求什么?你期待什么?你需要什么?我觉得你的偏好跟你的选择是很重要的。我觉得,年轻人也不能躲在书斋里面做学术研究,两耳不闻窗外事。且不说对公共事务的关怀吧,对生存的本身总是要考虑的吧。所以说,我希望同学们在这样一个社会中,要想两个问题,一方面要想自己的生存以及相应的发展,这是肯定要想的,另一方面也要想自己的理想。这两个基点,一个涉及理想主义,另一个涉及现实主义,只坚持任何一个方面都是会有问题的。完全是理想主义的,就会跟这个时代格格不入,生存状况会非常糟糕;如果完全是现实主义,最后会变成市侩主义,非常急功近利、焦躁。要在两者之间进行平衡或者兼容,我认为是需要年轻人思考的。这是一个艰难的挣扎过程，对于内心可能是一种撕裂，是一种残酷的撕裂。读哲学的本科生，脑袋里面装满了理念、理想等理性主义的东西，理想与理性主义联系比较密切，因而这种撕裂是非常残酷的。毕竟，现实主义的挑战是非常严峻的。

"学校除了要重视本科生外，对学生的管理应该更人性化、更个性化，就是更加细致化。"

问：您觉得目前中山大学的学生管理制度怎么样？您有什么评价？

答：我觉得中山大学在学生管理问题上正在逐步转向重视本科生。这是一个值得肯定的转向。因为很多高校还没有像中山大学一样把本科生看得这么重要。

在学生管理制度上我认为应该分成两方面。一方面是通过制度对老师提一些要求，让老师更加善待学生。举个例子，现在评职称、申报教授等会有一项考核要求，就是老师的上课如果在全校排名比较靠后，如倒数10%，就会受到一些影响。对老师的这种考核制度能够让老师将更多的时间和精力投入本科教学。

另外一方面是针对学生的这一块，我觉得可以从几个角度来看，如关于常规学籍管理、成绩和考试制度，这些都越来越规范和严格了。举个例子，学生考试作弊已经抓得很严格了，对学生的论文答辩的管理也越来越严格了。我觉得，第一，对学生学业的管理制度需要健全。第二，除了对学生学业管理之外，对学生的就业指导管理也在健全，如就业指导中心的运作。也有一些对学生就业的相关指导和培训。第三，包括学生的社团管理、学生活动的管理制度、社会实践的管理制度，也在不断健全。第四，对学生的日常生活的管理指导的健全，这条制度包括辅导员制度、心理辅导，如心理指导中心。对学生的管理不单单只是一个外在的制度的约束，也要重视同学们心理的健康。我觉得这些都是有进步的。

学校除了要重视本科生外，对学生的管理应该更人性化、更个性化，就是更加细致化。比如我们学院就有全程导师制度，制度都是好的制度，但是怎么有效地运作，怎么使其更加人性化、更加个性化还值得讨论。比如说，政务学院本科分为两块，一块是政治学的本科生，一块是行政管理的本科生。行政管理的本科生比较多，政治学的本科生控制在40人以内。人少，对学生的关照就会更细致一些。比如我就推出一个课程叫做小班教学，就是把听课的人数控制在30人以内。我认为哲学系最有条件做到这个，哲学系的师资很强大。只有更人性化、个性化、精细化，对学生的关爱和帮助才更有用、更实在。

问：老师了解中文系的导师制吗？

答：我了解一些，包括百篇作文（中文系是4个人一个导师）。这种做法是对的，据我所知，法学院在辅导员这一块，对学生工作比较细致和到位。一些学院的辅导员和团委书记的主要工作就是忙着搞活动，而法学院就不只是搞活动，而是把更多的精力和时间放在与学生有关的工作上，放在对学生细微的帮助上。我认为这个是更重要的。现在我们的团委系统、学生管理系统和辅导员系统往往忙于和学生一起搞活动以应付各种评估和考核。当然，辅导员的数量也是一个问题，辅导员的数量跟学生的数量要形成一个相对称的比例。我认为现在心理咨询中心的人数还是比较少，换句话说，我认为学校应该在本科生上有更多的人力、物力和资源的投入。

问：如果实行导师制，可能对老师来说也是一种压力，一方面要做科研；另一方面要教学，同时还要与学生沟通。

答：我觉得需要两个方面的努力。一方面需要有相应的制度、规则和运作机制。比如说奖励和评职称的时候，要考虑这个因素。比如说教授要给本科生上课这些制度都应该有，不仅要有，而且要落实到位。教授没有给本科生上课，有什么惩罚机制，这就需要制度规则和运作机制配合起来。做得好的老师给予奖励，做得不好的老师受到惩罚，老师才有积极性。另外一方面就是老师的自律能力，单靠制度规则是不够的，还需要道德自律。当大学老师，需要道德规范来制约自己。除此之外，还需要大学的氛围。同样是老师，有些老师与学生联系很多，有些老师很受学生的爱戴、尊敬，但是有些老师就跟学生很疏远，在一种好的校园文化里，做得不好的老师就会有羞愧感。这种文化氛围能不能建立起来很重要，如果没有这种文化氛围，有些人就会这样想：你把那么多时间花在学生身上，又没有时间写论文，没有时间搞科研，得不到认可。我少花时间在学生身上，但是我在研究上有很多成果，我比你更有名气。所以说，文化氛围很重要。如果说自律能力很大程度上需要依赖每个老师个体内心的自觉和认同，那么这种文化氛围就会形成一种外在的压力和约束。

  中山大学的校区氛围就有所欠缺，举个例子，南校区就缺少一些老师和学生自在沟通的好的环境。不要说像哈佛那样，周围有很多书店、咖啡馆。你去台湾大学看一看，台湾大学周围的小书店、旧书店、小的咖啡厅也很多。约两个学生在这里谈一谈，那是很自然地事情。而在中山大学要找一个好的咖啡厅还是比较难的，所以作为大学教授，我们有些悲哀，有些失望。我听说哲学系那栋新楼一楼会成为咖啡厅。学生和老师的沟通不能只是在老师的办公室或者课堂上，就应该在一些吃吃喝喝的环境里面进行。也不是说大吃大喝，就喝杯咖啡、喝杯饮料、喝杯茶之类的，大家就可以聊一聊。为什么说要在一些吃吃喝喝的环境里面呢？在这样的环境中，大家都比较轻松自然，如果在老师办公室，可能太正儿八经的。这种氛围的形成不仅靠制度，还需要环境、条件，还需要校园文化。它是一个系统，一个多种因素的整体。

问：台湾大学周围也有夜市，但是它能够在商业的环境中仍然保持大学应该有的宁静，中山大学在这方面是比较逊色的。为什么会这样呢？

答：这个分析起来就比较复杂了，不是三言两语就能够叙述清楚的，这个事情反映了台湾和大陆在一些问题上很深层次的差距。从政治层面上看，国民党在台湾的统治对台湾大学也是有一定影响的，大陆的政治权力对大学的干涉和渗透更强。另一方面，商业大潮席卷而来，哪个围墙能够挡得住啊？这就表明台湾大学的内在自我精神就比中山大学强嘛。这样他们才能够在政治和商业双重挤压之下保存几分自主性，这是蛮复杂的一个课题。

"学校氛围自由包容，商业文化冲击厉害，厚重感不足。"

问：您觉得中山大学的大学精神是什么？在您的心中，中山大学精神可以概括为什么？

答：校园文化是仁者见仁的事。在我看来，中山大学就是比较自由，相对北方的高校而言。不管对老师还是学生而言，都是比较自由的。这个自由又可以从不同的角度来理解，总体比较开放，也比较包容、比较宽容。学术观点的不同、价值偏好的不同，甚至政治主张的不同，都可以并存。举个例子，没有哪个老师在课堂上发表一些言论就有学生去告状之类的。但是北方的一些大学就不一样。所以，自由和包容、宽容是联系在一起的。这是我觉得值得肯定的地方。但是可能跟北方的高校比，有一些不怎么好的特征，如厚重感比较弱。因为中山大学毕竟处在一个商业城市的氛围里面，功利主义和商业主义的冲击还是比较明显的，实用主义比较明显。你看看在北京大学等北方的一些高校，读一些古典或者很深奥的东西是很自然的事情，但是在中山大学，那些实用的、跟商业文化联系紧密的可能被阅读得比较多，厚重感不明显，商业文化冲击得厉害，所以这也是正常的。

问：您2000年8月至2001年8月在美国哈佛大学燕京学社做高级访问学者，期间有接触到国外的学生管理事务工作吗？跟国内相比，有什么不同？

答：他们的学生活动我了解得不多，只能抽象地说一点点。他们的规则管理比较完善，每个社团都会有自己内部的规则。这些社团领导的产生基本上还是比较民主的。这些社团系统的持续性、历史延续性长一些，而我们的社团则是学生来一拨就建一拨。我觉得我们应该有一些历史的延续性，不要动不动就自成一体。大学的社团应该在漫长的历史延绵中保持一些魅力，如金字塔学社。

【采访后记】

肖滨老师是中山大学哲学系的系友，他关注哲学系的发展，也保持与哲学系老师的联系。他站在学校的立场，站在学生的立场，也站在更为宏观的时代立场，认真剖析了中山大学的学生管理工作和本科生的发展。肖老师不仅就学生事务管理给出了自己的建议，而且对学生提出了自己的愿景，我们一定铭记老师的谆谆教诲，奋发向上，追求理想。

陈六平　简化学生事务管理，注重学生修养

采访人：徐斌斌　陈韵如　夏雨
撰稿人：夏雨

陈六平，1962年11月生，江西石城人。1990年7月毕业于浙江大学化学系物理化学专业，获理学博士学位。曾获得德国Friedrich-Ebert Stiftung研究奖学金，在德国累根斯堡大学生物物理与物理生物化学研究所从事高压核磁共振波谱技术和流体分子动力学研究。现为中山大学化学与化学工程学院教授、中山大学化学系系主任、中山大学化学实验教学中心主任。

陈六平

【观点摘要】

"教育从一开始就失败了，学生在中考、高考的竞争中已经把脑子弄坏了，绝大部分中学生成了考试机器，对社会基本没有情感，对父母的情感也淡化了。"

"辅导员要帮助学生形成良好的生活与学习习惯，而不是尝试去统一学生思想。"

"社团活动应该由学生自己组织，而高校辅导员则应该进行引导和支持，甚至资金上的支持，而不是进行各种审批去限制学生组织的活动。"

"教育需要改革，营造良好的育人氛围，以此去追求未来美好的生活，不可陷入培养'精致的利己主义者'的恶循环。"

"大学相对于高中来说是自由的平台，大学教育制度要改革——要从下到上改革，从基础教育就要进行考试改革。"

采访人问（以下简称"问"）：您觉得担任学生干部以及参加社团活动的经历对于一个学生的成长是否有重要作用？

受访人陈六平教授答（以下简称"答"）：有作用，但不一定是重要作用。在大学阶段出于兴趣参加社团活动，要学会与人交际，如何组织策划一个活动，如何进行资金预算，如何筹集资金，如何更恰当地去使用资金。社团中有领导概念，可能大部分人只是干事，很多人会觉得自己在社团做的事情比较无趣，如一直打电话联系相关人员，做前期准备工作，最后甚至都没有机会参加到活动中去，觉得花费的时间与获得的能力不成正比。建议学生参加一到两个社团为佳，加入社团主要是为了锻炼自身能力，并不能以结交朋友为主要目的。学生干部主要是指学生会干部、团委干部，这些干部绝大部分花费了太多时间在平常事务上，而耽误了学习。去年广西某大三学生担任了中国高校学生联合会副主席，精力有限，荒废了学业，最后考试作弊。大学不能培养这样的人，大学生应该以学业为第一任务。

问：前一段时间，北京大学有一位学者在一次研讨会中认为："我们的一些大学，包括北京大学，正在培养一些'精致的利己主义者'，他们高智商，世俗，老到，善于表演，懂得配合，更善于利用体制达到自己的目的。这种人一旦掌握权力，比一般的贪官污吏危害更大。"这里面指涉的群体很大部分是一些学生干部，您认同这样的看法吗？您认为当前中国高校人才的培养模式是否会导致这样的倾向？

答：这个社会说真话的人很少，说真话的人需要一定条件，需要一定水平、资格和知名度，在适当的场合表述适当的观点。我想这里指的不仅仅是学生干部，指涉的群体更大，这里应该包含了大学教师、行政人员、后勤人员等，大学学生生存环境堪忧。中国每年花费大量的资金投入科研，但是近几年都没有特别重要的科研成果，这些经费何去何从谁又知道？有些教授的科研经费比国外的多，实验室比国外的好，但是科研成果少，甚至有一些教授拿科研经费去包养情妇。这些就是"精致的利己主义者"，而这些人往往权力大、智商高，对社会危害会更大。而大学学生培养也正处于这种环境下，培养出来的学生难免会受到影响。

选择一种教育就是选择一种生活。绝大部分人都对自己的生活不满意，每个人在生活中都有自己的问题。现代社会绝大部分人都对自己的生活不满，过去的教育导致了如今的生活，现在的教育将会影响（决定）未来的生活。教育的失败是人的失败，直接导致未来的失败，导致一个民族甚至一个国家的失败。教育从人一出生就开始了，从小接触的人都是教育的环境因素，这些会影响人的世界观、人生观、价值观的形成。在如今的社会氛围下，必然导致所谓的"精致的利己主义者"的产生。教育从一开始就失败了，学生在中考、高考的竞争中已经把脑子弄坏了，绝大部分中学生成了考试机器，对社会基本没有情感，对父母的情感也淡化了。中学生也应该有自己的社会责任，中学生原本也应该为社会作贡献。但是由于这种教育体制，我们培养出来的学生对社会非常无知。高考方案看似很公平，但是有一些人是脱离规则的，如高官、富人的子弟基本都在国外。大学的通识教育已经来得晚了，中学教育模式下出现的高考百日誓师等活动就是社会的怪现象，于学生本身修养没有任何意义。

大学相对于高中来说是自由的平台,大学教育制度要改革——要从下到上改革,从基础教育就要进行考试改革。首先,应废除课程考试百分制,改为四级或五级评价制,因为前者对人的学业评价并不科学,导致过度竞争,导致分分计较,根本不利于学生的学习和健康成长。其次,大学教育应该普及化,让人人都能上大学,但是收费绝对要提高。大学每年4000多元的学费,导致绝大部分学生没有体会到父母对自己的辛苦培养。最后,教育不仅要有数量还要有质量。基础教育要让中学生具有家庭概念、社会概念,要让学生承担起自身的社会责任,在家庭、在社会中找到归属感,同时要认识到自身的渺小,自己只是社会的一分子,而不要夸大自身、以自我为中心。教育制度变革是必需的,但是如何变革是需要慎重考虑的,要由有远见的人进行系统的改革。目前,部分人是不愿意变革的,一旦改革毕竟会伤害一些既得利益集团的利益。

"视大学生形同襁褓中的婴儿一般事无巨细悉心照料,容易造成高校学生事务管理机构冗余以及对大学生个性发展限制过多,部分管理制度亟待改善。"

"学生在校期间的思想还是主要受到科任老师的影响,因此,科任老师要尽到自己的职责,不仅在教学上,而且在生活上、在思想上也要多给学生一些潜移默化的影响。"

问:您是如何看待副书记、辅导员、班主任这类学生事务管理人员的设置的呢?国外大学并没有辅导员、副书记等职务,但是在中国的大学似乎是不可或缺的,您是否觉得他们在学生成长中扮演着重要的角色?他们对于学生的成长、心性的塑造和学术的培养等方面有没有影响呢?

答:1979年我上大学的时候,班上有一个班主任,年级有一个辅导员。但是我对辅导员并没有特别深刻的印象，班主任的作用也很有限。学生接触更多的是老师而不是辅导员和班主任。辅导员都很年轻，很少有人可以有水平、有条件来做追求独立精神的大学生的思想工作。世界一流大学并没有辅导员，辅导员的作用似乎显得不太重要。由有经验、有经历、有水平的老师来提供实际的帮助才是班主任应该有的职责，而不是尝试着去制订所谓的规则来管理学生。要帮助学生形成良好的生活与学习习惯，而不是尝试去统一学生思想。

问："二战"之后，美国高校学生越来越多，高校学生问题越来越多，患有抑郁症最终没有完成学业甚至自杀的人越来越多，因此才导致高校学生事务管理课题的产生，您觉得中国高校如何来减少这种事情的发生？

答：首先，对于这些工作，辅导员以及班主任都是很难做到的，处理这些问题有相当大的难度。要有专业的心理辅导老师，一般生活管理需要一个很好的管理流程。抑郁症和网络依赖症要靠别的渠道来解决。抑郁症等不是一天就能形成的，很多都是从高中就开始的，不能完全由大学来解决，要从源头开始解决。高校学生心理问题是一件很棘手的问题，中山大学的心理咨询是做得很好的，但是在中国，可能很多学生碍于面子很少向该部门寻求帮助。在大学解决抑郁症必须靠班主任，往往一个年级或者几个年级才有一个辅导员，辅导员没有能力更没有精力去解决这些问题。谈及社团活动，应该由学生自己组织，而高校辅导员则应该进行引导和支持，甚至资金上的支持，而不是进行各种审批去限制学生组织的活动。辅导员、副书记最重要的职责应该是学生入党工作，而学生在校期间的思想主要是受到科任老师的影响。因此，科任老师要尽到自己的职责，不仅在教学上，而且在生活上、在思想上也要多给学生一些潜移默化的影响。

问：您对当前中山大学的评教系统有什么看法，这会不会对您给学生的综合分数有影响？

答：对教授来说，其评价与老师的利益基本无关。所以如果是由于学生考试给分低而导致学生给我的分数低，这方面我是没有困扰的。如果教师对学生真诚，对学生负责，尽量改善自己的上课质量，在上课之初就将课程考试及其评价规则解释清楚，并且公平给分，学生也必然会对老师怀有敬意。即使评教时给分低，其评价也会给教师带来一些教学上的好的建议。总体来说，我认为，中山大学的评教系统是有积极意义的。另外，参考国外的评教，国内的评教显得过于笼统，评教基本不花时间。在此，我也呼吁学生要在评教上花点时间，花点工夫，这对于教师，对于学校建设，对于未来的师弟师妹，都是有着重要作用的。我也很荣幸曾经被评为学生最喜爱的老师。至于给予学生的综合分数，我认为必须公平给分，不努力不及格就是60分以下。不努力怎么会有学位证呢？

问：考试作弊的处罚——不给予学士学位证——是否恰当？

答：学生作弊的根源在于非人性化地鼓励人去作弊的补考制度以及挂科的巨大成本。我觉得，中山大学的补考制度必须修正和改进。补考卷应遵循相同的课程考试要求，这样学生补考多少分，最后的成绩就应该是多少分，而不应该打折扣，给学生留下补考记录。考试作弊的处罚还是恰当的，应该杜绝作弊而不仅仅是减少作弊，而补考也不是无限制次数的，这样可以鼓励学生去努力学习。

问：越来越多的学校开始重视学生的公益实践活动，中山大学就要求学生有50个小时的公益时间或者无偿献血一次以上才能评一等奖学金，这引起了很大的争议。您是怎么看待公益活动和综合测评加分挂钩这一政策的呢？如何合理地引导学生参加公益实践活动呢？

答：关于奖学金的评定，中国高校的制度不是很科学。而国外的奖助学金的评定则相对来说要好一些，这也有历史的积淀。国外主要是根据学生的需要和成绩来申请奖学金。奖学金一方面是奖励努力学习的人，一方面是帮助需要帮助的人。国外一些奖学金是奖励未来，拿到奖学金的同学可以多花点时间去学习而少去社会兼职。要突出学生与奖学金捐赠者的交流，学生拿到捐赠奖学金要有感恩的心情，而这一点中国高校是做得比较差的，所以从这点看，国内的奖学金制度是有问题的。另外，公益活动应该是发自内心的。如果带着既定的功利去做公益，那就是交换，而不是做公益。这个社会上的每个公民都有义务和责任去做公益，而据我了解的中山大学学生所拿的公益时间都谈不上公益，是毫无意义的。学校如果通过增加评奖学金的条件来引导学生进行公益活动，那么必须要对公益有一个更加深刻的认识，对于公益时的评价要有一个更加良好的机制，而不是去听个讲座就可以拿2个小时公益时，否则这种制度将教会学生投机取巧，这是一件很可怕的事情。

"全方位培养学生，从改善文化特质开始，简化行政复杂性。"

问：本科生目前的出路基本是深造（包含留学、读研）、就业（包含国企、事业单位、学校机关、民企外企就业）。这两方面似乎是完全相反的，而作为一名新生，可能并不知道以后自己要走哪条路，对此您对他们有没有什么建议？

答：（本科）新生大约18岁、19岁的年龄。来大学至少有一个目的就是让自己达到更高的高度。大学生终有一天要去工作，与人沟通以及表达是一项必须学会的技能，因此，来大学首先要学会做人。其次，要在专业课学习中形成自己的思维方法，形成自己的良好习惯和思想方法，而且要学会基本的职业技能。最重要的是锻炼自身识别真伪的能力，社会上难免会有骗子，在大学养成这种能力是在社会上生存的基础，大学生、研究生在火车上被拐卖是整个社会的悲哀。在大学里，对就业的规划要有自己的想法，但是以上技能都必须得到一定的锻炼和学习。大学有很多资源，特别是中山大学，有许多讲座，有来自五湖四海的同学，有名师，有海量藏书的图书馆，学生一定要擅长学习、努力学习。再次提醒同学们的是，参加过多社团活动，做过量的实习兼职，会让人失去学习最核心的内涵的机会，过量参与实践会让人在解决问题上停在浅显的表层。在学校有学习的机会，而社会比学校的竞争压力大许多，也很少有人真心诚意地教你技能。

问：对于国内外的高校的学生事务管理工作，中山大学有没有什么可以借鉴的地方？

答：国内的学生事务管理工作都是大同小异的，国外和国内的还是有很大区别的，我觉得其区别主要是大学文化特质的区别。文化表现在很多方面，也包含行政和管理。中国大学的行政复杂性比国外大许多，中国大学的工作程序都很复杂，对老师、对学生大包大揽。比如说离退休处，老师退休之后也要由学校负责。中国大学校长很难做，管理极为复杂，任务太多，管理成本太高，效果不好，在这种制度下很难培养出优秀人才。这种复杂的管理程序限制了人的创造，"创造都是领导的功劳"，这是腐朽文化。所有人都爱家爱国，人人都是自发地去爱国，因此没有必要去做过多宣传，而这种教育宣传也是高校学生事务的一部分。而国外大学的管理相对简单，有学术创作自由。在德国留学时，比较有印象的是一个女教授协会帮助其他国家的留学生适应德国的生活，深入德国的底层社会，通过交流，让人与人之间的距离近了许多。而在中国，目前我在校园里面没有感受到这种氛围。我们国家的大学还面临着太多的问题，中国要在教育上多多探索。

【采访后记】

陈六平教授是化学与化学工程学院的一名班主任,本身就参加了大学学生事务管理工作,对学校诸多管理规则都有自己独特的看法,而且敢于坦言问题,启发我们直面问题、解决问题。陈六平教授不主张思想和学术技能分开,认为强调由辅导员和副书记给学生做思想工作是不恰当的。相关的心理问题应该由专业的心理咨询老师来解决,而学生的思想成长应由其自由发挥,主要由科任老师给予引导。这一方面要求科任老师言传身教,另一方面要求学校尽可能地给予学生自由。陈教授作为科任老师,一直备受学生好评,也源于其高尚的品格、追求真理的态度和对学生的真切关怀。在这次访谈中,我们深切体会到一定要努力去追求真实、追求真理的人生态度,这对我们今后的职业生涯和人生旅途必将有积极影响。

梁洪涛　寻求最适合的而不是最理想的学生管理体系

采访人：李双　陈韵如　徐斌斌　夏雨
撰稿人：李双

梁洪涛

梁洪涛，出生于1963年7月。1985年7月西安科技大学本科毕业，获建筑工程与热能环境双学士学位；2002年5月获澳大利亚西悉尼大学MBA学位，高级工程师；2002年任新加坡主板上市公司迪森能源集团首席执行官；2005年任英国伦敦亚洲基金（中国）董事总经理；2008年任凯得创新投资公司首席运营官；2010年任中科招商投资（基金）管理公司执行副总裁，主管公司投资业务。近年，受到中山大学管理学院的邀请，担任中山大学管理学院的校外导师。

【观点摘要】

"我们不应该因为存在某些反例、特例就否定这个政策，正常的事务都是可以通过旁门左道去实现的，而我们不能因此就怪罪这个系统。"

"不要一味认为国外的管理体系都好，都需要照搬过来应用，这都是不科学的。"

"总的来说，扩招之后，盲目注重数量、规模，而忽视了质量，因此造成大学生素质降低。"

"最适合国情、国家发展的体系应该就算是最好的体系了。"

"有些年轻人善于表现，善于配合，老到，这在我看来，应该不是一种罪过吧。这也只是比别人表现得更好的优势而已。"

采访人问（以下简称"问"）：请问老师在学生时期有没有参与过学生工作或社团活动？

受访人梁洪涛老师答（以下简称"答"）：有，而且还不少。初中的时候我就很热爱手风琴，当时的条件不像现在，能以一门乐器作为兴趣的人很少。上大学的时候，学校组成了一个乐队，我参与其中，还担任了校学生会文艺部的部长，负责组织学校的文艺演出。

问：在大学的活动期间，有没有发现自己经商的这个苗头？学生工作带来的最直接的作用又是什么呢？

答：经商的这个（苗头），当时没有发现。但我认为学生工作最大的好处就是让学生学会如何去跟别人配合，学会如何去当领导。在团队之中，就需要组织能力和领导能力，要学会领导团队。因为不是每个人天生就会当领导的，学习能力跟领导能力是没有直接关系的。作为领导和团队带头人，需要天然地具备一些素质，这与一个人的性格有关系。如果一个人性格腼腆，羞于表达自己的观点，说话容易脸红，不够自信，这种人在性格方面就不适宜当一个领导。作为领导，要有组织能力，而且要敢于直面团队的意见，敢于批评，大胆直爽。领袖的有些特质是先天具备的，但是管理能力、组织能力就是通过后天培养的。学生工作确实能培养这部分的能力，对于增强一个学生的综合素质是很有好处的。

问：学生工作对于学生成长的作用是毋庸置疑的。但是前一段时间，北京大学有一位学者在一次研讨会中认为："我们的一些大学，包括北京大学，正在培养一些'精致的利己主义者'，他们高智商，世俗，老到，善于表演，懂得配合，更善于利用体制达到自己的目的。这种人一旦掌握权力，比一般的贪官污吏危害更大。"这里面指涉的群体很大一部分是学生干部，您认同这样的看法吗？

答：有些年轻人善于表现、善于配合、老到，这在我看来，应该不是一种罪过吧，这也只是比别人表现得更好的优势而已。当然，北大学生，或者优秀的学生或多或少带有一种优越感，这种优越感可能会给别人带来高傲、高不可攀的感觉，但是这就是现实。而且，这种现实不仅在我国存在，在世界各地都是普遍存在的，不能把枪头对准国内的或是北大的学生。国际一流的大学，如耶鲁、哈佛、麻省理工，都有这种现象。这些学校本身就是很有底气，很有名气，他们培养的学生也确实比一般学生优秀。我们不能因为学校、学生优秀就预言这些学生一旦出了社会就会对社会造成负面的影响，我认为这种看法是耸人听闻的。在现实中，我接触的北大的学生也不都是刚才所说的那样，他们或多或少地具有优越感，但这也是他们的资本。

问：那么，公司在招人的时候是不是会将这种优越感理解为学生的底气？

答：我们不会那么在意这种优越感，而是更注重他们的能力。这种善于表现、有能力的学生，应该说在哪个领域都是很吸引人的。我们需要应聘者乐于表现、善于表现，这也就是为什么招聘的时候除了看简历和文字资料外，还要面试，如让应聘者作案例分析、小组作业等。香港的大学在招收国内高考优秀考生的时候，也是要采取这种小组作业、小组面试的方法来筛选学生，就是为了看每个人的表现，这种表现力还是十分必要的。所以，刚刚你说到的那个观点我是不认同的。

问：但是在现在的大学社团工作中，无论是学生会还是团委，都会有官阶之分，您是怎么看待这种权力的分配的呢？官阶之分对大学生的成长心理有没有影响呢？

答：官阶之分在任何组织都是必需的。例如，学生会里有主席，下面还有文艺部、宣传部等部门，各部门又有其部长。这种设置国外也有，但在中国，这种现象好像有些过了。例如，学生会要归团委管，团委要听从党委的安排，这种安排比国外的组织结构更复杂一点，而且，这种多头管理可能会使办事程序更为复杂，会影响效率。但这对于学生来说影响也不是太大，只不过办事的时候会有些麻烦。

问：但是社会会有这样的一种担忧：学生过于模仿社会的权力结构，导致在学生工作中出现谄媚、腐败等现象。正如我看过一篇报道说，哈佛每届的学生会主席选举都是采取直选的方式（中山大学也采取过这种方式），导致候选人当中会出现买票、揭露黑新闻、制造舆论这样的政治手段。您对这样的观点持怎样的态度呢？

答：当然，这种直选的方式是很值得借鉴的，学生会主席直选也是值得推崇下去的。相比于任命制，直选的民主性也是更为进步的，这样的选举方式至少是民心所向，是民意的表达。而你所说的那种腐败、政治化的做法对于大学生的成长来说影响不大，都是些特例、个例。我们不应该因为存在某些反例、特例就否定这个政策，正常的事务都是可以通过旁门左道去实现的，而我们不能因此就怪罪这个系统。负面的东西毕竟占的是少数，其占有的份额本身就很小。

"不要轻易否定班级概念，不要因为国外没有，我们就急着破除。"

问：让我们探讨一下国外的教育系统。国外的高等教育，学生管理看起来十分自由，他们没有固定的班级概念，甚至在大学本科期间也不对学生供应住宿服务，鼓励学生自己解决住宿问题，您觉得这样的管理工作对中国学生有益吗？

答：在我看来，这对于中国学生来说不会太有益处。这是要看国情的。国人选择出国留学都是偏向于发达国家，发达国家生活水平高，社会治安好，法律健全，在这种情况下，学生能够住在校外。但是中国如果照搬这样的管理模式，是完全不可行的。在中国较发达的四个城市——北京、上海、广州、深圳，环境和治安尚算可以，这也是少数了。其实在这四个城市中，某些地方的治安情况和社区管理也是很差的。一般学生如果想住在外面，那就只能住在城中村、出租屋里，这些地方的治安状况是完全不能让人信赖的。在这种情况下，如果学校不让学生集中住在学校里，后果是不堪设想的。所以，不要一味认为国外的管理体系都好，都需要照搬过来应用，这都是不科学的。但在个别的地方，这种管理模式是站得住脚的。例如在更为完善的大学城里，如浙江，在大学城的学校以外，有政府配套的公寓，社区管理和治安情况、配套设施都比较好。这些公寓是社会化的，由房东招租，学生付租金，在这些地方就可以采取校外住宿的措施，前提就是校外要有健全的社区管理。在国内，这种地方很少，所以这种措施基本上是不可行的。

问：那您认为班级概念在大学还是有必要的吗？

答：我认为有必要。在本科阶段，我非常强调班级的概念。当时我们班28个同学，现在都还有联系。当学生从中学步入大学，也就是从孩子转型到成人的过渡期，在这段期间，"三观"的塑造是需要指导的。有了班级概念，团体、集体的概念就更为强化，对个人的提高、归属感的培养也是很有帮助的。班级作为基础的集体活动，对学生影响也是很大的。在国外留学的中国学生由于没有班级，只能三三两两住在一个公寓里，交往的都是中国学生，学了几年回来，英语水平一样没有提高。不要轻易否定班级概念，不要因为国外没有，我们就急着破除。

问：伴随班级概念，就会有辅导员、班主任，您认为这些职位安排对于学生来说有必要吗?

答:班主任是必要的,辅导员的工作其实可以让班主任一并担负。在中国,辅导员就是党、团派来做学生思想工作的,正如市长外还有市委书记一职,并且高于市长。其实,班主任、班长、学生会可以共同解决学生的问题,深入学生中,了解学生的成长。另外,还要提倡学生的个人管理。

"学生在大学期间不仅要学习专业知识,更多的是要学做人。"

问:说到教务教学,我们学校在教务系统中有评教系统的设置,您认为评教应该在学生成绩出来之前进行还是之后?

答:我倾向于之前。首先,评教系统对于教学来说是必要的,方便学生反映对老师教学的意见。但评教不能过于主观,还要看学生的成绩,体现老师的教学水平。

问:在评教系统中,学生对老师的评价有很多细节上的标准,如课前准备、课堂延伸等,但老师对学生的评定却只有成绩,您认为老师是不是还应该对学生的其他方面进行评定呢?

答:在本科课堂教学中,让任课老师对每一个学生的德才方面进行评定不太现实。但这个任务可以落在班主任的身上,班主任通过对学生日常学习、生活、社团工作、交往等方面的了解,在期中、期末的时候可以对一个学生进行较为全面的分析。学生在大学期间不仅要学习专业知识,更多的是要学做人,所以班主任应该负责起学生的培养,进行多维度的评定。因此,强化班主任这个角色的作用在我看来很重要。

问:我们转到下一个问题,关于商业和学术的问题。如今各大高校的社团繁多,高校对社团的管理难度也大大增加了。一些社团把商业性的讲座、商业摆卖也引入了校园,您如何看待这种现象?

答：我认为这种现象很正常。学生社团办活动需要资金，因此需要拉赞助。作为赞助商，提适当的宣传要求也不过分，学校毕竟也没有那么多资金投入社团活动中。通过拉赞助，可以锻炼学生的交际能力，有助于以后找工作。但需要注意的是不要太过了，学校还是要有学校的样子，不能变成集市的样子。在拉赞助的时候要注意尽量引入高质量的商业活动，避免低俗。有选择性，有节制地选择商家。通过商家的奖励，还可以刺激学生竞技，提高各方面的能力。因此，引入商业活动是有必要的。例如，比尔·盖茨就是在本科期间参与商业活动，Facebook（"脸谱网"）同样是在校园里做起的，这两个例子都能充分证明在学校接触商业活动不是坏事。本科阶段是对学生综合能力的培养，无论是学业还是做人或者是工作能力，都应该得到重视。

"总的来说，扩招之后，盲目注重数量、规模，而忽视了质量，因此造成大学生素质降低。"

问：中国高校甚至中国的大学生的价值观在世界的舞台上遭受越来越多的诟病，高校扩招后的大学生就业难和大学生素质问题屡屡浮现，您同意这样的观点吗？

答：首先，高校扩招本身不是件坏事。我们当年的本科率是30%左右，毕业也是包分配的。但高校扩招后，学校地盘、教学楼可能有所扩建，但是教学的水平、师资、科研器械、设施没有跟上去，这才是造成扩招看起来是件坏事的原因，也就是造成大学生素质降低的原因。说到就业难的问题，现在大学生多了，就业理所当然会面临困难。打个比方，现在1000万大学生，即使有200万学生的就业得到解决，把大学生减少到200万，那还是有800万人需要就业。这是人们对"大学生"这个观念的认知还没适应现实的结果。就业不是固定跟大学生的身份联系起来,而是跟所有人联系起来的。现在社会上可能技术人员比大学生更容易找到工作,但是这其实是市场调节的结果。不应该将就业率和大学生紧密联系起来,大学所得到的比职业要多。

问:现在高校的科研成果有没有呈现向下滑落的趋势?

答:扩招之后,学校规模上去了,但是教学水平、科研队伍没有相应跟上。总的来说,扩招之后,盲目注重数量、规模,而忽视了质量,因此造成大学生素质降低。但不应该归罪于扩招,而应该加紧脚步使科研跟上。

问:高校扩招之后其实还面临着这样一个问题,在校生数量成倍增加,学生管理的难度和广度不断增加,工作点多面广,事情多而杂,同一件事涉及多个部门,导致效率不高,相互推诿、扯皮的现象屡有发生。据您了解,中国高校学生事务管理工作部门的架构安排是否合理?

答:其实,辅导员就是很好的咨询渠道。如果在办理事情时不清楚应该找哪个部门,就可以向辅导员咨询,指导的作用就落在辅导员身上。另外,当今社会,联网的教务系统就能很好地指导办事的程序。

问:学校是不是应该简化部门设置,精简无用的部门,强调学生自我管理?例如,有些人认为可以取消就业指导中心,因为学生现在能靠自己的力量找工作,无须学校介入。

答:我认为恐怕不是这样的。学校与用人单位的联系给了学生一个更好的被推荐和自荐的平台,这样招揽的单位可能更有规模、更有说服力。对于一些不知名的院校来说,这样的介绍和推荐对学生的就业更有利。

"最适合国情、国家发展的体系应该就算是最好的体系了。"

问：根据我们先前所说，高校学生素质现在面临着下滑的问题，我们应该把管理学生的哪个方面作为重点？

答：我认为，要兼顾培养学生的思想、素质、社会参与度、道德观念。我分为两个方面讲吧，首先是文化知识方面。学校的课程设置和老师的教学要与社会接轨，及时吸收新的知识。虽然人文学科的经典体系在短时间内难以突破，但是新兴学科，如媒体类课程需要及时更新。课本知识要与社会实践多结合。与以前不同，近年来，国家的一流科研都产生在企业的研究院、研发中心，这就要求学校文化知识与社会甚至企业接轨。其次，学生个人素质的培养，要多注重社会实践。多在机关、企业，将自己的学业的研究课题实践在工作中，或许对于课题的解决是个新的突破。例如，研究生第三年基本上是校外实习，其实也就是这个道理。我强调带着课题去学习，课题的答案在工作中找。

问：高校学生管理究竟是放任自由好还是严格规范好？张弛度在哪里？您所期待的最理想的高校学生管理是什么样的状态？

答：说到张弛度，目前来看，校规校训是必要的，关于社团活动，学校则应该抱着宽松的态度。学生应该有自己独立支配的时间。在校规校训的范围内，学生也应该有自由去开展自己的活动，但前提是在法律允许的条件下。在学校里开展活动，需要一事一议，具体到某个活动的审核。作为学生，学习总是第一要务。本科生的课余时间是不少的，会有充分的时间开展活动。在学业能很好地完成的基础上，参与社团活动是无可厚非的。至于高校学生管理，是没有理想的状态的。不同的国情、政治体制都影响着整个教育体系，我们不可能总结出最理想的管理体系。最适合国情、国家发展的体系应该就算是最好的体系了。但还是要提倡打开国门，多学习和借鉴国外先进的学生管理和教育体系、理念。正如学习香港的先进的教学经验，毕竟我们处于同一个中华文化的背景下，学习和借鉴的参考力度更高。

问：谢谢梁老师今天接受我们的采访！希望我们都能见证更好的学生管理体系的诞生。

答：我很荣幸接受你们的采访！

【采访后记】

作为一名工商管理专家的梁教授对教育事业十分关心，并且给予极大的支持。在采访过程中，他援引了中外高等学府的学生管理经验的例子，可见其见识之广博。在社会上的多年历练赋予了他淡定和从容。梁教授有自己的独特见解，针砭时弊，但同时对事情的判断不武断，多用辩证的眼光。通过这次采访，梁教授对问题的剖析对我们了解世界具有很深的指导作用，也让我们建立起独立思考、不人云亦云地理解事物的方法。

徐长福　学生工作要关注学生的异质性，让学生自由发展

采访人：周宏胤
撰稿人：周宏胤

徐长福

徐长福，1964年生，四川眉山人，1983年在四川师范大学中文系获学士学位，1993年在吉林大学获硕士学位，2000年在吉林大学获博士学位，2000年至2002年在复旦大学哲学系做博士后；2001年至2002年在加拿大UBC访学；2002年7月至今在中山大学哲学系暨马克思主义哲学与中国现代化研究所工作，现任中山大学哲学系教授。

【观点摘要】

"学生工作多为学生争取点利益，维护学生的权益，给学生提供锻炼成长的机会。"

"管教的职能应该淡化，不应该有这样的意识。"

"从哲学上的道理来讲，要充分地意识到不同主体的差异性，每个同学的情况不一样，人生的志向、性格，方方面面都很不一样，尽量不要折腾大家。"

采访人问（以下简称"问"）：今年是徐老师来中山大学任教的第十个年头了。徐老师坚持为我们本科生开课，在学术研究和教书育人方面都做得十分出色。在徐老师的新书中，提到自己在四川阿坝州马尔康中学教过三年语文，说那是一段既极度敬业，又极度苦闷的时期。在那个阶段，徐老师是否担任过班主任之类的工作？

受访人徐长福老师答（以下简称"答"）：在那个时候我当过班主任，因为我大学的时候是我们班上第一名，成绩也就是总排位第一名，所以算是优秀的。马尔康中学是这个州的中学，属于州教委，是市教委直属的学校，是一个处级单位。因为这个缘故，入学的都是一些市直机关的子弟，他们要挑好老师，把我给挑上了。去了之后，学校重视我，我也就当班主任了（大笑），结果当班主任当得很失败。我是很用心去想怎么为同学们去做事，结果还是搞不好。当时也总结了好多，觉得自己还是缺乏经验。后来我就不当班主任了，改教两个班的语文。不当班主任了，我一下子就轻松了，避免了很多与学生的矛盾。论教书，我应该是很厉害的。

"我觉得，大学的学生工作就是让大学生自主管理。"

问：老师在艰苦的环境下取得了很好的成绩，在与学生紧密接触的过程中，老师觉得学生工作是什么？

答：中学的学生工作和大学是不一样的，而且年代差得太远，都20年了。那个时候的中学就是管，而且管也管不住，那个学校有点特殊，都是些干部子弟，还有些少数民族学生。至于大学的学生工作，我觉得就是让大学生自主管理。我在中山大学当过班主任，具体哪一届我都忘了，反正是刚来时，我当过一年。

问：您在中山大学担任班主任时，做的主要是一些什么样的工作？

答：实际上我觉得大学里面的班主任没什么用，同学们都是自己管理自己。当班主任，我也没有应付这个工作，我每学期至少给同学们开会，或者他们开会通知我，我都会去参加。最后我发现没什么趣味，没有人真的需要我参加这个活动，也没有人需要我给大家办点什么事情或者是听听我的安排。所以后来我就顺其自然了，同学们自己有把握把自己的事情处理好，不喜欢老师去啰嗦。但是在同学们遇到困难需要帮助的时候，我还是要去做。现在的这个导师制，所谓的导师只不过是个总导师而已，起一个引导的作用，一个指导的作用，在学业上、生活上有什么原则性的方面，如果学生不是太清楚可能帮助提示一下、引导一下。特别是遇到问题的时候帮忙解决，这个作用可能比较重要。我觉得大学的学生工作，管的观念要慢慢打破。我2012年4月份去上海复旦大学开会。复旦大学哲学系主任是我在香港求学时的同学。他跟外国来的学生交流，给外国学生讲课，他知道了一些跟外国学生工作有关的信息。他说，中国学生真可怜，完全是被管住的，一点自主性都没有。外国的学生工作是自主的，学校里有很多组织，学生组织是不受学校操控的，都是自主的，学生都是自己管自己。他们有一个完整的系统，还有法制的保障。

问：中国的学生可能有自主的想法，但是不会有过激的行动。

答：对啊，这就是体制的原因，还有就是文化不一样，我们学生自己也不觉得可怜。我的孩子去俄罗斯的时候，带队的翻译学院主管学生工作的副书记跟我交流，我跟他说，我觉得学生工作很重要，然后他很感动，说大教授居然能够看得上我们这个工作。我觉得这个工作还是要重视，因为做好了，学生得到锻炼、得到培养，在系里面，在单位里，在整个学校，我们的学生能够有地位，能够有代表，这都是他们锻炼自己的机会。在这种体制下，只要学生工作对学生的成长、锻炼有用，就必须往好处做，然后把效益最大化。

但是，之所以外国人会觉得中国学生可怜，是因为这样一个体制本身就是有问题的。它的最大问题是它会束缚学生的个性，校方的或者是官方的利益变成最优先考虑的了，学生、家长要服从这个体制。这是这个体制总的弊端，这当然不是我们学生可以改变的，也不是我们哪个主管的老师、领导或者工作人员可以改变的。但是我们要意识到这个问题，在自己操作的时候可以把学生工作的好的方面、有效益的方面、维系着我们实际利益的方面做得更好一些，尽量地避免那些差的方面。只要明白了这个道理，就要多为学生争取点利益，维护学生的权益，给学生提供锻炼成长的机会。在这一方面，多搞点活动，这些是可以的，也挺好的。但是在专业发展、思想发展、个性的发展等方面，我们哪怕不去做促进工作，起码不能去做打压、限制的工作。这是需要注意的一个方面。

"中山大学是中国少数几个称得上有校魂的大学。"

问：老师在中山大学工作了那么多年，也带了那么多届的学生，对中山大学的学生，或者说中山大学的氛围有没有特别的印象？

答：我在我的新书《拯救实践》的后记里提到了这个问题，关于这点，我深有体会。因为我这本书是在中山大学写出来的，其整个想法是在中山大学才有的，所以，这本书是地地道道的中山大学制造。在这样一个环境里面，能够有可能、有心情写出来这样一个东西，本身就能说明问题。所以说，我还是相当认同中山大学的学术环境。我有一个观点，我觉得中山大学是中国少数几个称得上有校魂的大学，这个校魂体现在两个方面，一是学校的创办者，他代表了校方的、官方的宗旨，一个根本的目的，一个关心的问题，一个价值的取向，这个是它的魂，孙中山先生创办学校的目的是要民族独立、民主、宪政，然后要改善民生。二是陈寅恪，陈寅恪先生是一位教师，他的独立之精神、自由之思想也是个魂，一种真正能够代表学者风骨的精神。这两种魂合在一起，就成了中山大学之所以为中山大学，跟北京大学还有其他学校不同的内在的精神。这个是我们的校方、我们的学生很少有人提及的。

问：我自己有种体会就是中山大学比较自由，相对其他一些学校来说，中山大学的学生工作还是比较自由的。老师认为呢？

答：自由是有的，但是还不够自觉，这种档次的学校大概都是这个样子，就是管的比较少。我曾经呆过一所学校，天天开会，然后就是政治学习、唱歌。所以说，这就是很大的差别。我觉得，一所大学要自觉地意识到学校的灵魂里面、精神里面的一些东西，并且把它拿来激励我们的干部、老师、学生，使我们自觉地去体现这种精神，这样才会有出息。同时应该把我们做学生工作中的那些限制学生发展的教条尽量地剔除，尽量地淡化，最后才能有助于学校的发育、成长。实现国内一流大学的目标只有在这个意义上才有可能。

"现在的年轻人确实有必要多参加一些活动，多去跟人打交道，然后学着如何与他人交流，学会设身处地替别人着想。"

问：老师本科阶段是在四川师范学院，研究生阶段是在吉林大学，那个时候除了完成正常的学习任务外，还参加什么课外活动吗？

答：我在读本科的时候，我们有文学社、诗社，我是牵头人。那个时候我们一起搞文学、写诗，搞得还不错。所以我们毕业的时候出了一个集子，当时还有点影响，低年级的同学还来买。搞这种活动非常有用，我现在还鼓励我的孩子参加一点活动，不要变得像书呆子一样死读书。

这个事对大家都是一种锻炼，组织活动本来就是一个很烦人的事，一开始大家有兴趣，活动就搞得很轻松，后来就慢慢变得很难组织。让我印象深刻的就是最后我们做论文集的时候，先是要募钱，最后还要去请老师题字。我们当时去找了我们中文系最德高望重的教授，在老先生家里敲门请他题字，在门口，我们三个推来推去，大家都害怕，推推搡搡的。因为我牵头，最后我还是硬着头皮去敲门。然后门开了，他拒绝了我们，那个情景我现在还记得，历历在目。然后教授对着我们发了一通牢骚，没有给我们题字，让我们找其他老师题字。在进行这个活动的过程中，我学会了跟人打交道、协调一些事情。我发现，我们现在的学生虽然说读书、专业能力比原来见长，但是能力却在下降。很明显的一个方面就是自我管理能力不行，自己的事情料理不好。在跟人家处理关系的时候，有的同学让人忍无可忍。有些同学不会为别人着想，只想到自己，只想到要把自己的事情搞好，这也是我对现在的年轻人很不满意的地方。这种情况是独生子女长期以来的人格结构造成的，现在的年轻人确实有必要多参加一些活动，多去跟人打交道，然后学会如何与他人交流，学会设身处地替别人着想，学会去体察别人的心情，体察别人的用心，不能只站在自己的角度，想到我有什么想法，那么别人也会有什么想法，我有什么要求，别人就给我提供。

问：就是要多交流。

答：一定要达到沟通的目的，让你的心思、别人的心思最后都相互了解，然后看看这个事情最后是不是这样做。

问：徐老师的女儿也就读于哲学系，听说师妹对于体育活动很积极，篮球打得不错。在社团活动方面，师妹倒不是太热心。在学业与学生活动方面，老师给过师妹什么建议吗？

答：家长其实都一样，你们体会一下父母的用心就能感受到了。我们希望孩子方方面面都好，方方面面都能够达到最好的状态。实际上怎么做得到呀？家长自己也做不到，对吧？她也成年了，有的时候就要学会取舍。她考上大学之后，我对她的一个建议就是，自由。不要像高中时候那样追求一个分数。自由其实是有代价的，要每个人自己去把握平衡，不能一概而论。你如果不在乎，也不想争取这个东西，只要不挂科，能够正常毕业，就可以了。当然，如果你觉得正常毕业还不够，想让自己的成绩单显得还不错，那就得清楚你的利益所在，那你就必须要投入多少，剩下的时间去调节做别的事情。作为成年人，你自己都要考虑考虑，我15岁进大学，19岁毕业，父母哪里管这些事啊，他们也没怎么读书，也没怎么上学，我全是自己料理自己的所有事情，人生的重大选择全部要自己搞定。现在的年轻人应该说有能力自己搞定，就是缺乏自我约束的能力。我觉得很重要的是，你要确立你的人生目标，然后调整你的学习活动，假如你准备考公务员，那就多参加一些社团，培养办事的能力，出去之后找工作啊、面试啊，尽量给人家留下好印象，这个是显而易见的。

"异质性哲学最后就是拯救实践，把每一个人的行为从一种外在强制中拯救出来，当事者有其权。"

问：学生作为学生工作的主体，是一个个不可拆分的绝对实践主体。每一个绝对实践主体都有着自己的偶性，老师能否从异质性的角度谈谈怎样做好学生工作呢？

答：我觉得实际上用不到什么异质性哲学。从哲学的道理来讲，要充分地意识到不同主体的差异性，每个同学的情况不一样，人生的志向、性格，方方面面都很不一样，尽量不要用官方性的活动去折腾大家。差异性就是，如果你愿意张罗点事，那也是自愿，针对学生的不同情况，以自愿为前提分门别类地做事情。除了一些个别的重点的学生，公认他是有问题的，大家去干预一下，帮助他，这个是可以的。但是假如不是这种情况，就要尊重人家，在自愿的前提下，给大家提供一些有益的活动。假如同学都没有规划这个活动，但是组织者要求，不参加就要扣分，或者说捆绑一些条件，这就是变相强迫别人。我们这个社会充满了这种强迫，这是一个专制制度的传统留下来的一些不良的习惯，它扼杀了许多的偶性，损害了许多个人的权利，这种情况下养成的学生的人格就是双重人格。他一方面要小心地维护着个人的利益，另一方面要应付着外来的强制的因素。他表面上应付，实际上不是真心，他还是喜欢按照自己的愿望去做。凡是这种靠强迫张罗的事情都会变成虚假的东西，甚至是虚伪的东西。这是非常恶劣的。异质性哲学最后就是拯救实践，把每一个人的行为从一种外在强制中拯救出来，当事者有其权。学生作为学生活动的主体，他被卷进了一个事情里面之后，他的权益是什么？他的地位是什么？"当事者有其权"就是强调这一点。要有说话的权利，他要有同意的权利，他不说话，他不同意，他不签字，就不能够强迫他，再强势的一方也不能够去强迫他，直接或者变相地去威胁他，然后把他捆绑到什么东西上去，使得他就范。因为那样搞了之后，表面上你的意志得到贯彻，大家都听话，做成了。实际上把这个事情搞伪善了，把人心搞虚伪了，把那么多人的人格搞分裂了，这个代价有没有算过呢？我们一天到晚都在抱怨这个社会的信任度降低，怎么造成的？就是这样造成的。

问：徐老师谈了自己的过去，也提了不少对学生管理颇有价值的意见，让我受益匪浅。限于时间关系，今天这个采访就到这里了，非常感谢徐老师的参与！

【采访后记】

徐老师是我的导师,与徐老师交谈,我不禁为他的渊博学识和为人处世的精妙智慧所折服。徐老师对当代年轻人的成长给予了深切的关注,并对学生工作的走向有自己独到的看法——"当事者有其权",这是徐老师异质性哲学原理的自然开演,也是徐老师对学生工作最深切的期望。

陈珠明　做一个多阅读、能自制、有担当和有激情的中大人

采访人：李哲鹏　林东明　杨航
撰稿人：李哲鹏　林东明

陈珠明，1965年生于四川省通江县。1985年在重庆师范学院获得理学学士学位，之后在四川省通江县中学任教。1993年在暨南大学获得理学硕士学位。2002年获中山大学管理学博士，并留校任教至今。现任中山大学管理学院教授，中山大学EMBA教育中心主任。

陈珠明

【观点摘要】

"中大学子不是小草，而是一棵大树的苗子，因此要把自己当大树来培养。"

"你的视野决定了你的境界！"

"要多读书，要读好书，大学给你的其实是一种方法——读书、阅读的方法。"

"读书要走得出来，进得去，出得来。"

"大学最重要的，第一是教授，第二是学生。"

"你们不是小草,而是一棵大树的苗子,因此要把自己当大树来培养。"

采访人问(以下简称"问"):我们想了解一下,您做班主任的时候是怎样去教导您的学生的?

受访人陈珠明教授答(以下简称"答"):我做班主任的时候基本是在珠海校区,带了几届学生。记得当时我采取了一些措施,每一个月跟他们见一次面,会到他们宿舍去看一看,找他们座谈,也会找他们的师兄师姐来跟他们交流。再加上我后来做系主任的相关经历,总的来讲,我觉得我们中山大学的本科生素质很高,但是也有很多问题。这些问题到今天其实也没有被改变,一届一届都是这样——似乎在"传承"着这些问题。

老实来讲,即便我的这个观念不一定对,但我当班主任的时候就和同学们强调:你们千万不能把自己定位为一棵小草,你们不是小草,而是一棵大树的苗子,因此要把自己当大树来培养。所以在班上,我不主张同学们对自己讲"我是一棵小草,我是一棵小草"。你已经进了中山大学,这就标志着你不是一棵小草;你要担负责任,而这种社会责任就决定了你不是一棵小草。因此,你的要求——对自己的要求——要更为严格。换句话说,你活着,你的努力,不是为你个人,也不仅仅是为你的家庭、为你的家族,更多是为社会,因为你要承担社会责任。你要怎么去承担社会责任?你要有更强的本事、更好的体魄、更强的心智、更健康的心态,才能为社会服务。因为实际上一个人只要考上中山大学,便已经成为传奇了,已经成了故事了。在你的家乡,你的父辈、你的同学、你的周围已经把你作为偶像了,你的故事已经在很多人当中被传播,你已经在产生社会影响了。

那么,这种社会影响的延续是什么呢?在读书的这几年,有些同学整天玩游戏，玩了几年最终连毕业证都拿不到。像我们系几乎每一届都有这样的同学，自控力非常差。我们就追问出现这样的情况的原因是什么，而往往原因被归结为"年龄小"。但是其实像我们这一辈人读大学的时候，我们的年龄也小，例如我十六岁就读大学。那个时候虽然没有电脑游戏，但不是说没有玩的东西，也有玩的，也会出现有些同学整天不上课而去玩的情况。因此，在这个问题上，我觉得主要取决于个人——你个人对自己的定位。我觉得我们的本科同学素质都很高，我也不怀疑你们任何一个人的素质，但是我怀疑你们的自我控制能力：你能不能控制自己的情绪、控制自己的喜好，从而专心致志地走正常的路、过正常的生活。这是第一点，我觉得我们的本科同学可能在自制力这方面有所欠缺。在我的印象中，管理学院的大部分同学应该很清楚自己该做什么，但是还是有部分同学，尤其是男同学，相对来讲缺乏那种理智的自制力。感性的成分多一些，理性的少一些，可能跟你们哲学系的同学有点差别。

相对来讲，管理学院学生的课程不算太重，凭他们的智力可以很轻松地对付。我经常跟他们讲："我本身是学数学的，像我们学数学的，不可能过很轻松的日子。"但是像他们学管理的，很多课程都可以学得很轻松。一年四季不上课，到了期末考试去图书馆认真复习一个星期就可以过关。但这实际上是对自己不负责任，从经济学的角度讲就是浪费资源：你有那么好的资质，你就应该承担更多的社会责任，你应该有更优异的成绩。当然你可以说，我为什么要承担社会责任，我活着只为了自我可不可以？可以，但是你这种"自我"不能成为社会的负担。这就是我为什么要强调，你进了中山大学之后，就要把自己当做一棵大树。

"你的视野决定了你的境界!"
"文化底蕴要靠学生来传承。"

问：嗯，是的。请您继续。

答：第二点，我觉得我们的同学的阅读面太小。我说，"你们跟电大的毕业生没什么区别"，反正都是要求考试要过关，那些课程也大同小异，如果没有课外的阅读，那你跟电大的同学有什么区别？我到学生的宿舍去看，发现那些学生的书架上除了教材之外，没几本课外书；有些同学甚至连教材都不看，就看老师的讲义；更有甚者讲义也不看，就看PPT。虽然这样也可以考试过关，但最终你学到了什么？

我当时就跟他们说，当我是本科生的时候，我不仅要看数学书，还要看别的科目的书。我们是80年代初读大学，我在大一、大二的时候把人民文学出版社出版的"世界文学名著"系列的六十几本书都读完了。两年时间我读了六十几本书，有些时候一本名著是有三四卷的。我还读过哲学的书籍，如黑格尔的《小逻辑》，这本书我现在还会翻一翻。读不懂没关系，你不一定要读得懂，也不一定要把它读完，但必须读过。我发表的第一篇文章是哲学的文章，而不是数学，那是在我读研究生的时候。实际上我觉得，你的视野决定了你的境界。如果你只满足于上课时听一下然后考试过关，这种境界对于你们来讲，对于中山大学的学生来讲，真的是一种很大的浪费！很可惜！你明明可以很好地利用这个时间去充实自己，中山大学有那么丰富的资源，有多么好的老师——那么多大师、那么多教授，什么东西不懂你都可以找到请教的人，那你为什么不认真多读些书呢？

有些同学会主动去借些书看，但大部分同学还是不会主动去看书。你的文化沉淀怎么体现出来呢？我们说中山大学有着深厚的文化底蕴，那么，现在底蕴到哪儿去了呢？你们都把

"有文化底蕴"定义到教授的身上去了,这对不对呢?其实我觉得这种文化底蕴还是要靠学生来传承。但学生怎么来传承?本科生完全有能力去读。所以,到了我做系主任的时候,我就要求三年级的学生起码要读一本专著,在写毕业论文的时候读一本专著。至少读一本,但你一定要啃下来,这样的话你的境界就会不一样。

我们现在是四年制,其实就是三年制,相当于过去的专科。为什么第四年就不上课了?实习、找工作,整天影子都见不着。写毕业论文的话,到最后两个星期才去赶,甚至一个星期,还问老师写什么题目呢!那你这个四年相当于只读了三年。我们并不是重提"一代不如一代"的论调,因为我们知道大家的资质很优秀。就算你运气不好,可能考试发挥不好,但你还是很优秀的。我们老师困惑的是,你们为什么不充分利用这些东西——大学的时间和中山大学丰富的资源?

问:也就是说,您在当班主任的时候,就给您的学生这样的建议?

答:对啊,我 2002 年到学校来任教,就开始给他们这样的建议。

"大学就是想给你自由。"

"但你要有思想,不能光自由而没思想,否则自由又有什么用呢?"

问:您当时有没有想过用什么具体的方法去帮助那些后进的同学,改变一下他们的情况呢?

答:改变其实很难。我觉得有些自控力太弱的同学,很难通过外力去改变。其实很多时候是要靠自己,你自己要具备基本的自制力。管理学院有一个同学——他也是 16 岁读大学——当时从江西考过来,成绩非常优秀,也很聪明。但是他玩了四年，最后考试不及格。补考的时候，他父亲是个农民，从江西专门赶过来，哭哭啼啼的，说："老师，放他一马吧。"我就说，其实不是要我放他一马，而是要他自己放自己一马。实际上你要准备考试那些东西很简单。拿不到本科毕业证，又影响找工作，以后影响你一辈子。所以你要珍惜这个大学时光。有些同学找了各种借口，"没有老师管啊"，"没有什么管啊"，但这都不是理由。大学本来就不想太多地管你，它就是想给你自由。除了上课以外，你可以有很多自由支配的时间。除了锻炼身体，你还可以看很多的书。现在资讯那么发达，你有很好的阅读条件，不存在你找不到书或者找不到什么资料来阅读的情况。

问：现在的学生在大学里的自由真的比您求学的时候更多一些，是吗？

答：我当时读的是师范学院，师范学院的管理相对严格一些，但我认为管理是否严格不能成为学生是否认真学习和是否用功阅读的理由。每一个人，特别是有理性的人，应该有自制力。你要制定一个职业规划，你要知道"我这辈子要做一个什么样的人"。有了这个规划，我就往这个方向奋斗。

问：老师，我想问一下，除了要鼓励学生多阅读以外，要不要鼓励他们多参加一些社会实践活动、社团活动？

答：我不清楚其他院系的情况，我觉得管理学院的学生社会实践似乎太多了。

问：我感觉管理学院所在的东校区的阅读氛围好像不如南校区。

答：那肯定是差一点。东校区本来是很好的读书的地方，但社会活动太多了，学生几乎整天都在参加活动。一个原因可能是学校很担心学生在东校区没事做、感到无聊，导致很难管理，于是搞很多活动。其实我觉得他们现在是活动太多，不是太少。学生的主要任务还是读书。如果你真正花时间去读书的话,你还有多少时间去搞活动?要不要参加活动?要参加。很多同学就提出来说:"老师,我想去实习,想找工作。"实习是应该的,但是你说"想工作",毕业之后不是天天工作吗?你一生大把时间,几十年去工作,你还担心现在没有去工作?所以,你人生在哪个阶段就把哪个阶段做好,这就是最重要的。你现在的任务是学习,就把学习给做好了;毕业以后工作了,就把工作做好。实习主要是为了了解今后的工作,是很重要,但没有我们很多同学所想象的那般重要。很多同学实习时干什么?就是打杂,做不了什么事,玩了一个星期或一个月之后就写一个总结,很难说能有多大的收获。因为我经常带学生,也要批改他们的实习报告,因此我知道具体的情况。除了那些华丽的表述之外,很多人都不知道能学到什么。

问:其实有些学生,参加各种社团活动,包括去实习,其目的之一,可能是为了"加分"——评奖学金时的加分。您是怎么看待这个问题的?

答:这个是制度设计的问题。学校引导学生,到底是应该引导一种什么样的学生?如果说搞一个社团活动我就给你加多少分,那么制度设计上就有问题了!你引导学生往那个方向走。不管怎么说,我认为学生的任务仅仅就是读书。读得懂、读不懂,是另外一个概念;你读过没有,我觉得最重要。包括哲学系,很多经典著作你不一定要读懂,但你读过和没读过,就差很远。这东西是要花时间、花精力的,要积累下来,要认认真真地读书。而大学毕业之后,你就老老实实工作、踏踏实实工作。

问:可能有些人毕业了,反而又觉得想要好好读书了。

答:对,很多人觉得自己在大学没学到什么东西,后悔了。最近人人网上流行一个武汉大学的学生写的帖子,这个学生写他在武汉大学混了几年,最后退学了。其实这种事情完全取决于学生的自控能力。大学的机制实际上是想要给学生自由。像中山大学,它给了学生很多自由,包括思想自由和言论自由。但你要有思想,对不对?你不能光自由,没思想,否则自由又有什么用呢?

"要多读书,要读好书,大学给你的其实是一种方法——读书、阅读的方法。"

答:我对我们的同学,相对来讲还不是很满意。刚刚说了两个问题,第三个问题就是,我们的本科生缺乏激情。

问:是指缺乏读书的激情吗?

答:做任何事都没激情。我觉得这是一个很大的问题,很多同学都是懒洋洋的。特别是男孩子,没有斗志,没有想法,没有激情。我们每一年研究生面试,就是复试的时候,你问他:"喜欢这个专业吗?""喜欢,老师,我好喜欢这个专业。""既然喜欢,那你读了哪些书?""没读多少,除了教材……"学生最多就看过教材,然而教材也没有深入地研究过。然后我再问他:"那你读了什么文章?""想不起来。"他们最多就看过一本很普通的科普性的读物。这就是缺乏激情的表现。你喜欢工作,那你对这个工作方面就可以进行深入研究,研究这个工作需要什么样的知识。你喜欢读研,喜欢这个专业,那你起码要知道这个专业有哪些教授,研究什么东西,有些什么文章。你只要读过几篇好的文章就能知道,这个领域有哪些经典的著作、经典的文章。你跟老师一谈,老师就会觉得:"喔,这小子还不错!"但是现在的学生没有这样的激情,基本上每一年我们的博士面试时,学生的成绩很优秀,但你一问他,就会发现他很多东西没有深入研究过。

问:老师,您觉得,如果想要唤起这种激情,学校可以做些什么吗?

答:我觉得这个跟我们对教育的定义有关系——引导。我们的老师，从制度设计上，就要引导同学去读书、去做好学术。可以开展读书比赛。例如，读一本书然后写一篇文章，通过这本书写一篇感想。通过这样一些活动，去引导大家读书，多读书，读好书。大学给你的其实是一种方法——读书、阅读的方法。第一，你需要知识的时候，可以去哪里找。第二，找到这个知识之后，我怎么去获得这个知识。这才是最重要的。

问：我们哲学系就有一个专业选修课程，有三个学分给读书报告，要求学生在一年半的时间内，阅读三本哲学著作，然后就去写读书报告。不知道管理学院有没有类似的制度？

答：好像没有。大部分都是些社会活动，都是去拉赞助、去企业实习等。这些需不需要？需要，但不能太多！多了就过了，学生还是要静下心来读书。

问：刚才听您的意思是，管理学院读研的同学中存在缺乏激情的问题。是不是可以这样理解：您认为读研究生的这些同学，他们都还没有准备好？

答：不一定是管理学院考上来的，包括外校保送来的学生，都存在这个问题。这些同学平时考试成绩不错，但是你说他对这个专业有多深入的了解呢，谈不上。我读本科学数学的时候，已经能够查阅一些最新的文献，并且不是一篇两篇。那个时候不像现在有那么多资料，很容易获得；我们要到情报所啊、图书馆啊，甚至很远的地方去查、去翻阅那些资料。我知道，这些问题不一定是管理学院学生才有的问题，而是普遍存在于现在的整个中山大学，甚至整个中国的年青一代。我们中山大学的苗子很好。你能考上中山大学，需要好高的分。但是进来以后，自我培养、自我教育可能相对弱化了。

问：您觉得这是因为我们的大学生还没有完成由高中生向大学生的转变吗？因为在高中的求学阶段我们是向分数看齐，而现在我们其实还是在向分数看齐。我们的大学生是否到现在还没有摆脱那种应试学习的心态？

答：对！但是你现在的分数跟高中的分数不一样，高中时候的分数还有点实在，现在大学的分数很多时候还有点水分呢！学生有独立的学习思考的能力，才是最重要的。

"抱怨不能带来改变。"

"不要老想着今天这点小事，你被纠缠住的话就培养不出一种大气的气质。"

问：在本科阶段，对于学生的思考、学术的能力方面，教授在学生事务管理方面应当扮演一个怎样的角色？

答：从几个方面来讲：

从学生来讲，你可以一进大学、接受大学教育的时候，给自己定一个规划。例如，一、二年级时对本专业我要完成一个宽泛的阅读。因为一、二年级一般是学一些基础学科，包括管理学，包括你们哲学等基础学科，我们要学到很多基础知识。像高等数学呀、微观经济学呀、宏观经济学呀，都是会直接影响到今后考研、工作，影响到很多方面的学习。你想把那些专业基础课学好，学扎实，就要阅读，而且还不能只阅读教材。你如果学微观经济学，不仅仅要把教材阅读好，那些经典的书至少要看一本，再看看参考书。这些专业基础课，像高等数学，很多同学都怕，高考好不容易完了，于是大学第一学期就很放松；结果一下子高数就"挂科"了。一旦挂科，保研的资格就没有了。因此，实际上从低年级开始，你要有一个规划，有一个想法。那么到了三年级的时候，你就要完成一个规划，比如说读一本专著。这个方面，中山大学有很多教授是可以请教的。你可以跟教授说："教授，我对哪些东西感兴趣，您给我推荐一本书吧！"你把这本专著看了，那么，你对这个分支就能有一个很详尽的了解。对你以后保研也好，工作也好，都会有帮助的。但读书的时候不要带有很强的目的性，只在乎"我就是读过了"。你规划好了,在三年级真正啃完了上课之外的一本专著,这样对你的成长是很有好处的。同时,每一门课程都可以扩展阅读,哲学的我想肯定可以,管理学的也可以。但是我的体会是,很多同学基本不看那些参考书,连参考书长什么样子都不知道。这归根结底是一个学生自律的问题。

从学校的角度来讲,校方在政策制定上要引导学生怎样把专业知识学扎实,引导他们往这个方向走。学生可以在假期或者小学期多参加一些活动,但是平常学习的时候还是要读书。你要读好书!每一个学期扎扎实实读一本书,四年下来收获就很大了。不扎实,读多了也没用。其实我觉得这对找工作的同学也有好处。你找工作时把读过的书一说,面试官就知道你真的读了书,"真的是有料的喔",于是他不敢小瞧你。面试官问你"读过什么书啊",你说"都没读过",那别人就会怀疑你这四年是怎么混过来的,恐怕你这个文凭也要大打折扣了。

从老师的角度来讲,像我们,肯定会指导学生阅读,阅读专业经典。管理学是一门入世的学科,它很关注现实的问题,所以我还会要求学生阅读最新的一些东西。像我在讲商业银行管理的时候,会让他们阅读人民银行的《中国货币政策报告》,那个是上百页的大部头,非常专业,你读完之后就可以对整个中国的经济形势有一个非常全面的了解。我们还会指定一些比较高端的杂志,非学术类的、高级科普类的,这类杂志在每个学科都有,包括以前的《百科知识》,像我们经济类的《财经》呀!通过这些杂志的阅读,你可以拓展自己的视野。但问题在于:老师会去指导,学生却不一定读啊!真正去读的人其实不多。就大学来讲,每一个老师压力也很大,有很多事情要做,我只是告诉你该去读哪些书,但不可能追着你每一天都要读。客观条件如此,所以很多时候都要靠同学们自我约束。我就很疑惑:有那么好的条件,大家为什么静不下心来读书呢？同时，学生也没有激情。我们80年代的时候真的是充满激情的，每一天都充满激情地读书。我是81级的学生，我们还是很自觉地读书，但相对我的师兄师姐要逊色得多，他们是玩命地读书。给自己规划好——这几年我要读什么书，这个学期我要读哪几本书——最后告诉自己一定要读。你规划好了以后自己就往那个方向走，其实是可以做到的。

问：您觉得，学生之所以没激情、不读书，是整个社会风气的影响吗？很多人都觉得现在的社会风气变得很浮躁，因为大学生也处在成长阶段，容易受到影响，因此会出现刚才我们谈及的情况。

答：我觉得不是。社会风气一直都是这样，什么时候都在浮躁，只是浮躁的程度不同而已。我觉得这是现在随波逐流的人多了，归根究底还是因为很多同学缺乏自制。你要对自己负责，因为中山大学的学生要来引导社会潮流的。如果我们中山大学的同学，形成一股很强的读书风气、很好的学习风气的时候，就可以改变这个不良的社会风气。你要想办法去改变这种风气，而不是让社会风气改变你。那可是你的责任。正如李大钊的那副对联，"铁肩担道义，妙手著文章"。年轻人不铁肩担道义，谁来担道义？一代又一代的人又怎么去传承？这可以说是我对学生的培养理念。

问：是否可以这样概括，您认为学生事务管理，就应该是以引导学生读书和去培养这种读书风气为中心的？

答：对。我认为还要培养学生健康的心态，这个也非常重要！我在教育我的小孩以及跟同学在班上讲的时候，都强调"要做一个正常人"。一个正常的人，理性地、正常地思考，不要把问题看得极端和偏激。现在社会是有很多问题，但是如果你把问题看得太偏激的话是没用的。你应该更多地想到——你的责任是什么。我个人的观点是，没必要过多地抱怨，任何抱怨都只会带来负面的影响，抱怨不能带来改变。我觉得要看主流，学会看主流，看大势，把握大的东西。用哲学的话来讲就是把握主要矛盾。你要看大的方向，方面要正确。年轻人容易就一件小事搞得热血沸腾，但是大方向上经常迷迷糊糊。你还是要看大势，看主流，这个很重要。我不知道你们考了驾照没有，就学开车来说，你开始最担心的是什么？

问：方向？

答：对！你最担心的是能不能走到那条路上。那条线很窄，怎样才不会两边摇摆呢？怎样才能朝着那个方向走？如果你看脚下，我告诉你，你走出来的就是歪歪扭扭的。所以你的教练会教你，要看50米之外的地方，这方向自然就正确了。这是一个非常富有哲理的东西，顺着那个方向走，它自然就往那个正确的方向走。你如果只看到眼前，你的方向可能就摇摆不定；但是如果你看得稍远一点，就不一样了。看远一点，要看到一年过后、两年过后或者三年过后，不要老想着今天这点小事，你被纠缠住的话就培养不出一种大气的气质。

问：所以这就相当于一个比较中期的生涯规划？

答：一个人，肯定要有自己的规划，其实不仅是中期，包括长期规划也是一样的。你到底想做什么？我以前在企业工作，但是我一直都想做一个老师。因此，我在企业干了十年，还是从企业回到学校来教书，来当老师。

问：老师，您为什么想要从企业来到学校当老师？

答：不喜欢以前的工作啊！我以前在投资公司，就是现在最热的所谓基金、风投，后来在银行工作。但是2002年我回学校教书，因为我喜欢写文章，喜欢教学生，喜欢跟年轻人打交道！这跟我当初的想法是一致的。我年轻的时候，读大学的时候就喜欢写文章，当时就想以后教书。我这个弯儿绕得很大，我跟其他教授不一样。其他教授毕业之后，就在学校教书。我不是，我是先到企业去了，干了十年才回到学校。从我个人来讲，从我个人的体会来讲，只要你努力了，这个命运非常的公平，肯定会给你很好的回报。打击是会有，但是长期来讲，肯定是你付出了多少，就回报给你多少；用金融学的话来讲，还有"超额收益"。这取决于你的付出，你付出了自然就有收获了。但不能看眼前，你不能像农民一样——春季播种到了秋季就收获了——那不可能。人生，有些时候要过十年二十年才有收获，但自然会有的。

"读书要走得出来，进得去，出得来。"

问：突然想到一个问题：您在企业的时候，应该也会去招聘一些应届生吧？当时您用什么标准去挑这些学生、这些应届生呢？

答：我们当时看重的是智力和心态，当然也看重你的专业。但是一般很多企业都不会太在乎专业，只要你拿到毕业证，一般不成问题。因此，主要还是看你的智力水平，用通俗的话来讲，就是"机不机灵"，这很重要。只要你有一股机灵劲儿，你做什么事儿我都认为你能够做好。你如果很木讷、很呆板，是那种读书读得死、读得累的那种学生，那就麻烦了。但是真正的读书高手，也不应该是那种读得很死的，要走得出来。像我们学管理学，我就经常跟他们讲，你肯定要进得去、出得来，你肯定要去了解现实。你的学习不是为了学习，而是为了解决现实当中的问题。要进得去，出得来。我们其实更多的时候是在看你的智力，你很机灵，很聪慧，心态又很正常，那我们就会要你。

问：您刚刚多次强调这个"正常心态"，那我想请教一下，您觉得要培养这种健康的心态，责任是在任课老师身上呢，还是在其他的类似"辅导员"这类老师身上呢？

答：都有的！这几方面的老师都有责任。不过我觉得最重要的是靠自己，自我教育。辅导员也有责任，但是一个班四五十人，辅导员其实只是掌控一个大的方向，不可能说每个同学都被你照顾到。个人的成长我觉得靠自我教育，但是你有哪些问题可以跟老师谈。你们现在可能好多了，我们那个时候就面对着一个问题：我想读书，我想出国，但是家里没钱；不但没钱，还指望我挣钱养家。如果你有这些苦恼，就可以跟辅导员讲。但无论如何你自己要有一个规划，有一个想法。你不能老玩游戏，四年玩下来，就会看到你的收获其实很少。现在网上还在炒"浙江大学的校长玩游戏"的事情，其实玩游戏很正常，不玩才不正常。可是你要能够控制，我工作的时候就不玩游戏，老老实实地工作；我学习的时候，马上能够把游戏放下去。这实际上是一种对自我情绪的控制。毛泽东当年在广州，好像专门跑到那种闹市区去看书，像那种吵吵嚷嚷的菜市场，他也可以看下来。这是对自己的一个自制力的培养，现在的年轻人不容易集中精力，容易分神，但是自制力培养起来之后，一辈子受用。

问：您觉得像辅导员还有党政方面的工作人员可以对学生起到一个什么样的积极作用呢？

答：说实话我对这块不了解。我了解最多的就是我之前当副系主任时的经历。我们当时在学生事务管理这块，针对一些困难学生或者有一些情绪的同学，都会主动、积极地去帮助他们。但是我的观点还是刚才那个观点——引导。你在政策制定上、教育学生上，把学生往哪个方向引导是最重要的。你带的这个班是积极向上的、认真读书的，还是热衷于社会活动的，都取决于老师的引导。每一个人有每一个人的教育理念，你很难用一个统一的标准去衡量，也不现实。但是我想大部分的老师出发点都是好的，都是希望同学们能够健康、快乐地成长。

问：我想了解一下，比如说管理学院，在学术研究这一方面，会不会给本科的学生一些支持？因为我们现在觉得本科的学生更倾向于在课堂上学习知识，而在跟老师一起做研究、做一些自己喜欢的研究这方面相对会少很多。

答：我们也有。像我们一些同学申请一些项目，包括国家的一些创新项目，我们都会给予支持。我知道有几个学生都申请到了国家级项目，都是我给他们出题目。他们就去做研究，写一些报告。这种还是实实在在地去做一些东西。但是在我自己研究的这一块，学生很多时候想帮忙，但帮不到。但是有些老师是做时政的，比如需要大量的计算，包括数据的采集、处理、加工，那些东西就有很多本科的同学在参与。

"大学最重要的，第一是教授，第二是学生。"

问：老师，您觉得对于一个大学来说，什么东西最重要？

答：大学最重要的，第一是教授，第二是学生。教授的科研做得越好，做得越出色，大学的声望就越高；毕业的学生越优秀，在社会上的成就越大，大学的声望就越高。所以，学校要最大限度地把老师的积极性调动起来；同时，要让我们的学生变得更优秀。

问：那您觉得现在我们中山大学有没有做到这一点呢？

答：总的来讲，因为我还是在不少学校、不少企业呆过，我感觉中山大学在这一块还是做得相当不错的。中山大学是一个非常好的平台，教授基本上可以做自己想做的事情；我们的学生也非常优秀，每一届都培养了很多优秀的学生，当然现在在读的学生也很优秀。包括我们以前的老校长，黄达人校长，他有很多理念，这些理念慢慢地在实践中被实施。一个校长有了这种理念，他自然会在他的政策制定、行为指导上去执行。例如，大学就是个学术共同体、大学就是教授共同体等。但是实践不是在一个世外桃源中实践。你还是生活在这个社会当中，你会受很多宏观的东西的影响，包括周围的东西；你不能说建成一个理想的乐园，要完全地实施你的理念，你也办不到。当然还有很多可以改进的东西，这很正常。

问：那教授能不能在学生的培养，包括学术上的指导方面，发挥更积极的作用？比如说做本科生的导师，管理学院有导师制吗？

答：有，我们一直都有，从大三开始。我一年一般是指导七个本科生。我会跟他们聊天，包括讨论毕业论文等问题，他们有什么问题也会随时跟我联系。

问：是不是每位教授都会给本科生开课？

答：这个事情我不太清楚，应该不完全是。有些教授确实没时间，特别是行政工作比较忙的。有些教授是坚持给本科生开课，因人而异。我原来给本科生开两门课，现在开一门，商业银行管理，原来我还讲国际金融。

问：像国内一些教授，说永远都不兼任行政类职务，说要"一心一意只教书"。从您的角度出发，您怎么看待呢？

答：这是一种理想主义的状态。对我来讲，从企业回到学校的目的就是教书和搞科研，因此我会去教书。但一个学校总要有人搞行政，那些事情总要有人去承担，有些杂事总要有人去处理。管理学院的指导思想就是，让年轻老师集中精力搞科研，中年老师集中精力搞教学，或者承担一些社会责任。这种布局有它的道理。

【采访后记】

在这个急进浮躁而又充满着各种诱惑的社会，能否自觉地守住心中梦想并且为之孜孜不倦地奋斗，是对现代人极大的考验。陈珠明老师在采访中不断地告诫我们，学生要能够约束自己、要管得住自己，不能把时间浪费在不重要的事上，因为我们有更加美好的人生要去经历，有更加远大的理想要去追寻，有更加幸福的家园要去创建。有了远大志向和美好希冀后，我们就要努力地去实践它。在学生阶段，我们就要好好地利用学校的资源去读好书、读更多的书，不荒废这段拥抱自由思想的美好时光；在工作阶段，我们就要好好地做事情，闯出自己的一番天地。

陈希　构建大家庭式的高校学生管理模式

采访人：徐斌斌　陈韵如　夏雨
撰稿人：陈韵如

陈希

陈希，湖北鄂州人，2002年6月毕业于中山大学中文系，获文学博士学位，曾在武汉大学中文系做博士后，在省委机关从事公文写作多年。历任中山大学中文系讲师、副教授、教授，现为中山大学中文系教授、中国作家协会会员、中国现代文学研究会理事、广东省鲁迅研究会理事，主要从事中国现当代文学、比较文学的教学和研究。

【观点摘要】

"《论语》中有一句：'学而优则仕'……这可以用来类比现在学生的社团工作与学习之间的关系。如果学生的学习之余有'优'，即有余暇，就可以通过参与学生工作来扩展自己的学识。"

"大学更应该培养各个专业领域中有良知的责任承担者，培养某种意义上的理想主义者，培养人的信仰，培养有高远追求的人。如果大学中普遍缺乏信仰，没有一种理想主义的精神作为一面高扬的旗帜，如果我们在读大学时就放弃自己的理想、自己的责任和使命，那这实际上是十分令人担忧和可悲的。"

"《论语》中有一句:'学而优则仕'……这可以用来类比现在学生的社团工作与学习之间的关系。如果学生的学习之余有'优',即有余暇,就可以通过参与学生工作来扩展自己的学识。"

采访者问(以下简称"问"):老师,您读本科的时候,是否参与过学生工作或担任过学生干部?您觉得这方面的经历对于一个学生的成长是否有用?

受访人陈希老师答(以下简称"答"):在读本科的时候,我参与过学生工作,我不仅担任过班干部,也担任过校级的学生干部。从读大学本科开始,一直到读研究生、博士生,我都很积极地参与学生工作、担任学生干部,而且还获得过一系列的优秀学生干部奖。我觉得这些经历对于自身的成长还是有很大作用的。比如说,参加工作的时候,我从一个普通老师岗位走上了行政工作岗位,随后去省政机关工作,我工作历程的发展与自己在学生时代担任过学生干部的经历是有一定关联的。从长远的发展来看,从开拓眼界、周全和敏捷地思考问题、思考社会和人生这几方面来说,担任学生干部对自身的成长是有着积极意义的。虽然这可能会占用一定的时间和精力,但我觉得,参与学生工作与学习这两者并不矛盾,而是可以相互促进的。参与学生工作可以培养人的全局观念,让你学会找到平衡点,学会提高工作效率与学习效率,促使你去了解一些你所不清楚的工作领域,这是人生中的一种锻炼,也是一种启发。

问:如今有些同学参加了很多的社团工作,担任了很多社团的学生干部,在社团活动繁多之时,出现了逃课等现象,您是怎么看待这种情况的呢?

答:我认为,过多地参加学生社团活动对自己的学习和成长并非有利。要适当地参加学生活动,不能把学习和参与学生工作这两者对立起来,不能因为学生活动而影响学习,导致专业知识不牢固,甚至出现挂科的情况,这就偏离了参与学生工作的意义了。参与学生工作本来是建立在自身有比较好的专业知识的基础之上的,在学习之余用一定的时间和精力去做这样的工作是可以的。但如果学生在学习专业知识时就感到非常紧张和吃力,此时再花大量的时间去从事学生工作,就完全是本末倒置了。《论语》中有一句:"学而优则仕",此句中的"优"不是一些人所理解的"优秀",意思不是说把成绩好的人提拔起来,发展他的仕途。在朱熹的理解中,"优"应该为"闲暇"之意,即指有多余的时间和精力,如果人在学习之余有闲暇的时间,就发展自己的仕途,把自己学习的心得在实践中进行推广和应用。这可以用来类比现在学生的社团工作与学习之间的关系。如果学生的学习之余有"优",即有余暇,就可以通过参与学生工作来扩展自己的学识。我认为最好的方案就是"学而优则仕"。如果参与学生工作和学习两者真的出现矛盾、冲突,我认为学生首先应该以学习为主,为了参加社团活动而放弃了专业的学习,使学业受到影响,我觉得这完全是本末倒置的。实际上,优秀的学生干部不一定都是学习最优秀的学生,但他们通常都是学习成绩比较好的学生。

"大学更应该培养各个专业领域中有良知的责任承担者,培养某种意义上的理想主义者,培养人的信仰,培养有高远追求的人。如果大学中普遍缺乏信仰,没有一种理想主义的精神作为一面高扬的旗帜,如果我们在读大学时就放弃自己的理想、自己的责任和使命,这实际上是十分令人担忧和可悲的。"

问:前一段时间,北京大学的一位学者在一次研讨会中提出:"我们的一些大学,包括北京大学,正在培养一些'精致的利己主义者',他们高智商、世俗、老到,善于表演,懂得配合，更善于利用体制达到自己的目的。这种人一旦掌握权力，比一般的贪官污吏危害更大。"您对这位学者的观点有什么看法呢？您认为当前中国高校人才的培养模式是否会导致这样的倾向呢？

答：这是在一次高等教育研讨会上，北京大学中文系钱理群教授讲的一番话。当时会上，武汉大学的前任校长刘道玉教授也对中国高等教育的改革与发展提出了一些质疑。钱理群教授在会上讲的这个观点引起了很大的社会反响，看到与这个观点相关的报道之后，我也受到了很大的启发。我认为，这番话有一定的深刻性，而非危言耸听。他说的这种情况在中国的高校中是存在的，其中，"精致的利己主义者"这个描述十分形象生动。他所说的大学培养出来的"精致的利己主义者"，其所指不仅仅是学生，同时也包括了大学老师等高校的教职工。"精致的利己主义者"都是在大学里受过良好的高等教育的，他们擅长于表演、包装自己、阿谀奉承，高智商的他们更聪明、更圆滑。如果这些人完全罔顾他人，把才智都运用到为自身谋利上，他们确实能达到更大的效用，但作为未来的社会精英，他们对整个社会机体的危害性不言而喻。现在中国的大学里面，不仅有利己主义的导向和风气，还有腐败的现象。大学里的腐败包括学风腐败，如抄袭等学术不规范现象，还包括了大学的一些领导者的贪污腐败行为，学风、校风的败坏都会影响到高校对学生的培养。我觉得，高校的这种现状凸显了一个重要的问题——高校学术共同体的信仰缺失问题。如今大学培养的人才，最缺乏的就是信仰，可能受到社会风气的影响，大家都比较功利、自私。对于大学生而言，特别是我们中山大学的学生，最为关键的事情并不是去"适应"社会，而是要固守、要追求我们最初的人生理想。与高校学术共同体不同，社会最大的特点就是所谓的"俗"。社会有其自身的价值观和取向，例如，我觉得社会上有两种普遍的取向，一种是重视权势；另一种是重视经济利益，也就是金钱。但是，作为学术共同体，大学不应该以权势和经济利益作为价值取向和价值标准，而应该定位为纯粹的学术研究及发展。在大学里，如果大家都放弃了对学术的追求和自己的理想，满脑子都是功利的想法，那么，大学就变得很世俗化，就变得堕落了。大学是一个制高点，大学的堕落就代表了一个国家、一个民族、一个时代精神的制高点开始出现滑坡。所以，我觉得大学绝对不能受到社会上种种不良风气的影响，要避免被社会的"俗"所同化，大学更应该培养各个专业领域中有良知的责任承担者，培养某种意义上的理想主义者，培养人的信仰，培养有高远追求的人。如果大学中普遍缺乏信仰，没有一种理想主义的精神作为一面高扬的旗帜，如果我们在读大学时就放弃自己的理想、自己的责任和使命，这实际上是十分令人担忧和可悲的。

"（管理人员）要更加注重提高自己的内在素质，从而提升内在权威。"

"辅导员除了要具备一定的工作能力和素质外，还需要有更多的人生体验和经验，这是非常重要的。……学校可以邀请一些已退休的老教授来担任班主任。退休的老教授几乎没有什么工作量，但是他们有些人还是很有干劲的。"

问：您是如何看待副书记、辅导员、班主任这类学生事务管理人员的设置的呢？国外大学并没有辅导员、副书记等职务，但是在中国的大学似乎是不可或缺的，您是否觉得他们在学生成长中扮演着重要的角色？他们对于学生的成长、心性的塑造和学术的培养等方面有没有什么影响呢？

答：我国高校设置了副书记、辅导员和班主任等管理人员，已形成了一种长期的管理模式，它有着自己的特色和成功的经验，这种管理模式是有效的。但是，这一类管理人员应进一步增强他们的权威性。"权威性"不是指因他们掌握一定权力而具有的外在"威严"，如拥有为学生评定奖学金、推荐就业等类似的权力；而是指因个人魅力而具有的内在权威，如能在学术和工作、为人处世及品德修养这些方面做表率，能对学生的成长与发展、人格的塑造形成良好的影响，这些才是使得学生真正地尊敬他们，发自内心地信服他们，才是他们具有权威性的原因。所以，这些管理人员除了要具备管理学生的工作能力、经验和方法外，也要更加注重提高自己的内在素质，从而提升内在权威。在对这类管理人员进行培训时，应该把培养行政工作能力和培养内在素质相结合，可以尝试让他们参与到学生的一些专业学习中去。这样一来，他们不再仅仅是行政管理人员，也变成了学生的良师益友，他们对学生的专业学习有所了解，可以与学生进行沟通交流，必要时也可以从专业方面给予学生一些意见。当然，这并不是指专业上的学术指导，而是提出一些相关的建议。总而言之，我是肯定辅导员、班主任等学生事务管理工作者的，他们发挥着积极的作用，并且在我校，有效的机制也已经形成。但是，这类管理者还是能有进一步的发展的，可以借鉴吸取学术共同体中其他工作者的一些有效的管理经验，这样，他们对学生的管理工作可能会更为有效。

问：除了刚刚我们聊到的方面，您认为现今高校学生事务管理人员还应该具备什么样的素质呢？高校又应如何选拔出这类人员？例如，您觉得应该从负责教学的教授中选拔出来，抑或是从社会人员、预备研究生中选拔出来呢？

答：在我们中山大学，辅导员工作好像主要由做两年预备生的准研究生来担任，我认为这样做是有一定的科学之处的。这些辅导员大都是比较优秀的本科毕业生，都是本科生的学长、学姐，他们在中山大学接受了四年的专业教育，对本科的学习生活和校园活动都有着十分深切的体会，他们能为学弟学妹们提供一些建议。另外，他们对高校学生事务管理也有很多亲身的体会，更能了解学生的需求和心态，或许能采取更好的方式来管理学生。所以，从预备研究生中选拔辅导员是有其科学之处的。但是，这也有其不足之处，就是他们的年龄偏小，社会经验不足。我觉得，辅导员除了要具备一定的工作能力和素质外，还需要有更多的人生体验和经验，这是非常重要的。例如，有些学生在恋爱时遇到了困扰，但是年轻的辅导员本身也是尚未成熟的，他们也不知道该如何处理恋爱中的问题，那他们如何开导学生，如何做好学生的心理辅导工作呢？因此，如果找一些中老年的老师来担任辅导员工作，可能会更好一些。他们就像学生真正的父兄或长辈，他们有着丰富的阅历，不会因为缺乏人生经验而遇事慌乱，能更好地关心和指导学生，给学生提供一些人生的帮助和指导。在中国，我们都非常重视孩子的教育与成长，这包括了为人的教育，也就是如何"做人"。在高校里，辅导员是直接管理学生的，他们与学生的交流比较多，所以，他们对学生的人生的指导起着重要的作用，就这方面来说，辅导员可能起着比老师更重要的作用。因为辅导员更多的是直接的指导，而老师更多是从专业知识上来指导和培养学生，学生要把学到的专业知识进一步转化，深化为人生观、价值观，才能对他们的人生发展带来帮助。另外，人生的问题比专业知识更微妙、更复杂，专业知识经研究还能弄明白，但人生千变万化，会遇到很多复杂的事情，当面对人生问题并要解决它时，绝不仅仅需要一定的知识和智力，还需要一定的人生观、人生态度、人生经验。

与辅导员不同，据我了解，班主任都是由在职老师兼职的。但是，老师有自己专业的学术研究工作，班主任这个职务只是兼职，甚至可以说只是挂个名而已，所以我感觉中山大学的班主任好像多是形同虚设的，很多班主任根本就不了解自己带领的班级的情况。但这是学校的一种机制，所以也不能责怪班主任。因为专业老师的工作很忙,压力很大,让他们来做辅导员或班主任有点不切实际。如果专业老师都忙着管理学生,那么谁来潜心开展学术研究呢?或许学校可以在管理上做一些调整,例如,学校可以邀请一些已退休的老教授来担任班主任。退休的老教授几乎没有什么工作量,但是他们有些人还是很有干劲的,觉得老是在家里待着会很无聊,如果他们有些事情做,特别是经常与年轻人打交道,会使他们感到自己变得年轻、变得青春了;另外,年纪大的老师,特别是退休的老师也比较负责一点。据我所知,好像中山大学退休的教授能够担任督学、督导,那他们为什么不能担任像辅导员或班主任这类的职务呢?

"我们应该充分相信学生,多让学生自主管理、自主发展。"

问:越来越多的高校开始重视学生的公益实践活动,像中山大学,为了促进学生更多地参与社会公益活动,学校对奖学金制度作了修订。从2012年起,凡是申报国家奖学金和一等奖学金的同学,必须在相应的学年有50小时的公益时间或无偿献血一次。您认为采用奖学金这种激励方式来引导学生去献血、去做公益活动是否恰当呢?

答:我认为,这种方式是不恰当的,而且是比较僵化的。高校应该引导学生、鼓励学生去参加公益实践活动,但前提应该是学生是主动、自觉、自愿的,高校应该尊重学生内心真正的意愿,而不是制定一些客观的政策,把政策、规定强加于学生的意愿之上,让学生服从于制度。学生参与公益实践活动的一个意义就是,在参与公益活动后,学生能体验到一种由帮助他人而产生的快乐,他们觉得自己实现了一种人生理想,做了一件充满意义的事情。但是,如果运用评定奖学金这种激励方式,会使得有些学生并非主动、自觉地,而是"被迫"地参加公益活动，这实际上是难以实现公益活动本身的意义的。所以，我认为，高校对此进行积极引导是好的，但是公益活动的主体本身应该是自愿的、自觉的、愉快的，所以，高校不应该把一些客观的制度强加于学生，这样会引导学生过于关注奖学金的评定资格，而忽略掉公益活动本身的意义。

问：您认为当今高校学生事务管理工作事无巨细，这是否妨碍学生的自由发展和自主能力的培养？以中山大学为例，管理的内容包括了学生的个人生活，如宿舍大楼有门禁，校园网络会于凌晨准时断网，等等。

答：中学的管理是把学生当做未成年人来看待，管理得很细致，规章制度大都制定得很僵硬，但大学就不应该以这种模式来进行管理了。大学生已经是成年人了，我们应该充分相信学生，多让学生自主管理、自主发展，不应该管理得过多、过细，否则，就与中学的管理方式没有什么区别了。但是，每个人都有自己偏好的生活方式，而高校的校园生活是一种集体生活，单靠学生自主管理是难以使得集体生活过得和谐、有序的，例如，有的同学喜欢晚归或通宵打游戏，有的同学喜欢早睡早起，这两类同学就容易因为生活节奏的不一而产生矛盾。所以，为了集体生活的和谐、有序，高校还是应该制定一些集体生活准则的。中山大学与学生生活相关的政策，大部分是学校经过调查后制定出来的，像校园网凌晨断网的问题，是校长等校领导与珠海校区的同学们经过多次讨论，倾听了同学们的意见后才决定的。如果管理制度是尊重大多数学生的意愿的，那么学生也会自觉遵守制度，按制度来执行。但是，政策、制度应该建立在相信学生、把学生当做有能力进行自主管理的主体的基础上。高校学生事务管理不应该做到事无巨细，但学校完全让学生自主管理、不制定相关的规章制度也是不行的，高校管理与学生自主管理应该相辅相成，根据实际情况来定夺。

问：如今各大高校的社团繁多，一些社团把商业性的讲座、商业摆卖也引入了校园,您如何看待这种现象?是否认为这是对校园学术之地的一种污染呢?您认为学校应该如何协调学术与商业呢?

答:现在高校对社团管理的难度大大增加了,因为现在不像 20 世纪八九十年代,当时高校的社团数量比较少,形式、类别都比较单一,另外,社团与社会之间的联系会比较少,高校管理起来也就比较简单。但是,由于现在很多社团都会面临自筹经费的问题,而很多社会机构和商业性企业都有着长远的考虑,它们希望通过高校社团的活动来提高品牌的知名度、树立企业的良好形象、吸引高校中的优秀人才,所以它们也愿意与社团合作。这样一来,社团与社会间就有了较为紧密的联系。实际上,这是一件双赢的事情:在这一过程中,社会机构和企业通过赞助高校社团带动了企业的无形发展,而高校社团也由此引入了一些商业机制,了解到与商业模式相关的知识,这对校园文化是有着积极作用的。我觉得,这是时代发展的一种体现,也是一种需要,我们学校的管理部门对此应该是表示支持的。但是,不排除一些商业机构与社团完全是抱着功利与炒作的目的,完全是把学生当做消费者和商业客户来对待,或者会引入不利于校园文化建设的不良商业因素,这肯定是不利于高校的健康发展的。由于实际情况非常复杂,所以管理者应该对此细作分析与区别对待。

问:经了解,得知您曾在武汉大学学习、工作过,您觉得武汉大学的学生事务管理与中山大学的学生事务管理有什么不同?据您的了解,您觉得我国港台地区或国外的高校在哪些方面值得国内高校借鉴呢?

答:就目前来说,中国内地不同大学的学生事务管理是大同小异的。"小异"主要存在于学生社团活动与社会间的联系。相对而言,中山大学学生的社团活动与社会联系得比较紧密,经常得到来自社会的赞助,而这种现象很少在武汉大学出现，这可能是因为广东属于商业比较发达的地区，商业气息会比较浓厚，所以学生有这样的意识，商家也愿意与社团进行合作。刚才我们也谈到，这样的情况有很多的好处，学生能锻炼自己，能更多地了解社会，但与此同时，他们也比较功利。例如中山大学中文系，在当代文学领域，几乎没有出现过在全国具有影响力的作家，但武汉大学涌现了一批当代一流的文学家，如写诗的王家新、写小说的林白等等，而中山大学中文系的学生更多的是从事公务员、新闻记者等这类比较实际、比较具体的工作。所以，中山大学中文系培养不出知名作家，与这个氛围多少是有些关系的。关于港台地区的高校，我去过当地的一些高校进行交流活动，所以多少也有一点了解。实际上，台湾和香港的管理不一样，台湾在某些方面与我们相类似，而香港的管理与我们的管理就有很大差别了。香港的高校值得我们借鉴的地方主要是他们的学生更自主、更自由，敢于说出很多不同的、大胆的看法和意见，只要在法律法规允许的范围内，学生在校园里可以自办刊物，自己申请经费，自己举办一些和社会相关联的活动。例如，一些港台的学生会自主组织到各地进行交流，但我们更多是由学校、院（系）来组织。相对而言，我们的学生在自主性和开放性这方面会有所欠缺；总体来说，香港的管理方式让学生拥有更多自主性，更自由地发展，这方面还是值得我们借鉴的。

"（构建）大家庭式的管理模式。"

问：高校扩招后，在校生数量成倍增加，学生事务管理的难度和广度不断增加，工作点多面广，事务繁杂，同一件事涉及多个部门，效率不高，相互推诿、扯皮的现象屡有发生，学生对此颇有微词。据您了解，您觉得是什么原因导致类似事件的发生呢？您对改善这种情况有什么建议吗？

答：首先，现在中国的大学都在进行高等教育改革，实行通识教育，越来越多的大学开始进行"大类"招生，学生进校后的第三、第四年再选择细分的专业来发展。另外，现在有些学生需要转专业、修读双学位又或延长在读时间，各种复杂的教务情况纷纷涌现，这些现状都对高校学生事务管理部门提出了空前的严峻挑战和新的问题。例如在学生延长在读时间内能否评定奖学金、获得奖助金？另外，如今的学生事务管理必须紧跟着时代的发展，形成一种动态的、细致跟踪的、同步式的管理，如此一来，管理的难度就大大增加了。

其次，据我了解，高校学生事务管理大概分为三条线。第一条线是教务管理，相关部门会处理学籍管理、成绩管理、毕业证发放等事务；第二条线是学生工作管理，相关部门会负责学生勤工助学、评优、奖助金和助学贷款等事务；第三条线就是院（系）的管理。院（系）的管理应该说是单位式、家庭式的管理，教务部门和学生处的管理是垂直式的管理。但我们可以发现，学生会比较认同家庭式的管理。例如，学生在毕业后回忆起自己的大学生活，回忆起院（系）里的某位老师批评过自己时，会对那位老师充满感激之情，庆幸在人生的十字路口得到了老师的点拨。但对于垂直式管理的部门，鲜有学生会在回忆时提及它们的好，但如果这些部门曾冷落或刁难过他们，他们就会有深刻的印象，回忆时他们一定会对这些部门深感愤恨和痛加斥责。这说明，垂直管理部门实际上既是管理部门，也是服务部门，如果部门及其工作人员的服务态度不好、言行不礼貌，学生就会感到不满。学生之所以不会对院（系）老师有类似的不满与记恨，可能是因为学生把自己与院（系）融为一体了，不管彼此之间有多少磕磕绊绊，大家都是一家人。但是垂直部门对于学生来说就像是外人，外人对学生不尊重，学生的心里就会很在意。所以，垂直式管理部门要加强培养服务意识，要有亲和的观念，不能在管理工作上冷落、刁难学生，而是要尽心尽力地为学生服务，耐心地向学生解答、解释清楚问题，尽量满足学生的需求。这样，学生才会感受到自己与亲和的垂直式管理部门也像一家人一般，学生对这类管理部门的工作也会感到更加满意。

问：您所期待的最理想的高校学生事务管理是一种什么样的模式呢？能给我们描绘一下吗？

答：如果简单地说，我所期待的就是一种大家庭式的管理模式，学术共同体中每一位成员都是大家庭中的一员，彼此友爱、互相帮助、互相激励，大家都能感受到大家庭般的温暖和爱。学生在其中感受到温暖，以后他们回忆的时候，回忆起的都是大学留给他们的各种美好的人和事，我觉得这样的高校学生事务管理模式是一种比较理想的状态。

【采访后记】

陈希教授有着很强的亲和力，十分关心和爱护学生。采访当天，正是台风"韦森特"登陆广州的日子。在出发时，我还很担心教授会因恶劣的天气而临时改约。陈希教授却为了如期接受我们的采访而冒着暴风雨赶回学校。在访谈时，陈希教授展现了其深厚的文学底蕴和清晰的逻辑思维，他在回应我们的采访问题时，经常引经据典，并有条有理、层次分明地阐释他的观点。此外，陈希教授思考问题的周全度也给我们留下了深刻的印象。对于高校学生事务管理的问题，他不仅关心学生的发展及其需求，也关注到了社会发展和高等教育改革给管理工作带来的巨大挑战，他对学校的管理工作表示十分理解并提出了颇具建设性的建议。在采访结束时，他还十分谦虚地表示自己对高校学生事务管理工作并没有十分深入和全面的了解，更多的只是从一位专业老师的角度出发，与我们谈一谈他个人对此的想法和感受。在这次访谈中，陈希教授充分地表现出了他的专业素养和独特的个人魅力，让我们由衷地折服。

朱崇科　发现你自己而不随波逐流

采访人：林东明　李哲鹏　杨航
撰稿人：林东明　李哲鹏　张昕琪

朱崇科

朱崇科，1975年出生于山东临沂，1998年在中山大学获文学学士学位，2001年在中山大学获文学硕士学位，2005年在新加坡国立大学获哲学博士学位（文学方向），同年开始在中山大学中文系任副教授，2007年8月至2008年5月作为交换教授在纽约巴德学院任教，2011年底至今任中山大学亚太研究院教授。

【观点摘要】

"如果一个大学不是以老师和学生为中心，那么，这个大学根本就不能称之为大学。"

"一个刚刚被释放的奴隶是绝对没办法一下子适应新的状态的，甚至说他还愿意回到那种被奴役的状态中去，因为他不知道怎么去使用和珍惜他的新的自由。但是，你要相信给了他一段时间之后，他就会品尝到作为一个自由人的喜悦和掌握自己命运的这权利其宝贵价值所在。"

"如果你不是一个将来想做学问，也不想当官的人，那么，其实你核心任务就是一个，发现你自己，找到自己比较强大的一面，在未来把这个优点继续强化，这样的话你就会活得比较自信开心一点。"

"跟现在比肯定是不一样，肯定是更加用心的，大家做起事情都很有热情、很投入，而且不那么容易分心。"

采访人问（以下简称"问"）：教授，您是 94 级中山大学中文系的本科生，那在您读书的时候，中山大学的学生事务管理是怎样的？

受访人朱崇科教授答（以下简称"答"）：我们那个年代跟现在有一个非常大的差别，就是网络媒体没有现在这么发达，手机等通讯设备都是极少的。1998 年毕业的时候我都还没有手机。那时候的手机非常贵，所以都用传呼机或者叫 BB 机。所以，我们那个时候跟现在很不一样，联络上不像今天这么方便，但是做事情比较有效率和专心。比如说以前的文学社或者其他社团，跟现在比肯定不一样，肯定是更加用心的，大家做起事情都很有热情、很投入，而且不那么容易分心。网络这些东西都是双刃剑。这就是我读书时关于社团的大致情况。

另一个很大的差别就是，现在学校不抓男女校外同居的事情，但当时对这种事情抓得很严的，一旦学生被抓到立马就被开除。从这点就可以看出当时学校的开放程度，管得很严，那时候差不多每年都会有学生因为违反这个规定而被开除，这在今天看来是完全不可思议的。还包括像宿舍电器使用，我们那时候很多学生冬天都是用"热得快"来烧开水洗澡或者是煮面等，但学校对这些电器都是管得很严的。当时的宿管和学生就有点像现在的城管和小贩，相互之间你抓我躲。宿管一来，我们就立马把这东西藏起来。当时学校的管理就是很严的。

但是坦白地讲，现在的问题比以前更多。比如说现在我们联系的方式变多样了，但是我们反而觉得更寂寞，更无法与他人沟通。沟通方式多，并不意味着我们沟通得好。我们面对网络、面对电脑的时间比以前多了很多倍，而且往往乐此不疲，但是反而变得不会与他人沟通。以前的人要写信，恋人之间要写情书，而现在的人只要发个短信然后等对方回复就可以了，我读书的那个时候怎么可能呢？我们当时最快的回复也只能是隔天，跟短信是没得比了。但是这反而让我们在做事情的时候会更加投入，就好比说现在我跟你们在一起做采访，一起聊天，如果你老是担心你的手机会不会响，然后时不时去看一眼，那么这肯定会造成很大影响的。

  再者，以前的硬件条件肯定要比现在的差，包括后勤服务。比如说我读书的时候，学校后勤集团大多都是广东人，他们都是讲粤语的，这对于外省学生的我肯定造成很多不便。当时中山大学的图书馆、饭堂等工作人员都是本地人，我花了几个月的时间才知道他们在讲什么。总体上而言，现在我们的后勤服务比以前是进步了，饭堂东西好吃了，宿舍环境也好了，等等。我们以前一间宿舍住十个人，都是上下铺。当时没有空调，只有风扇，宿舍人很多，基本上做不了其他什么事情，不是看书，就是打扑克或者聊天，除此之外没有别的什么事情可以干。所以，学习用功刻苦的人都不在宿舍，都去了图书馆或者自习室。当时我有一个兄弟，他学习不认真，英语四级考试一直过不了；而我则学习很好，算是所有男生中最好的，于是我就跟他说跟我一起去图书馆。我每天都在图书馆帮他占位置，然后帮他一起准备，结果他一考便过，而且一鼓作气又过了六级，所以说可以看出我们当时在图书馆的学习效率还是非常好的。不去图书馆学习而选择待在宿舍玩耍的男生基本上成绩都不是很好。现在的学生也有一些熬夜通宵打游戏的。每个年代都会有一些自甘堕落的人，而且你跟他讲大道理他还不一定听。反正我那个时候还是比较乖的，一般都在晚上11点钟之前上床睡觉，而且5分钟立马就睡着，任何人都吵不醒我。我年轻的时候真的很单纯，跟现在的人简直是没有办法比的。那时候的想法真的是一心为中华之崛起而读书，比较简单。

问：那时候的学生在毕业的时候还包分配么？

答：没有，我那一届是最悲剧的，刚好是第一年取消这个制度。大学开始收取学费就是从我们那一届开始的。我是第一届收费生，当时学费是 2500 元。这学费对于我而言造成的压力很大，试想一下，1994 年夏天我父亲给了我 10 元，让我在高考的时候吃三天，这在今天完全是不可思议的。2500 元在当时是一个很大的数目，那时候的广州房价一平方米可能连 2000 都不到，其他的一些小城市估计也就几百块钱一平方米。这相当于一个什么概念呢？现在广州的房子动不动就 30000 元一平方米，那就是相当于现在让一个学生交 30000 元的学费，30000 元的学费对于大家来说肯定是有压力的。

其实中山大学并不是一直都完全包分配的，从 80 年代末开始就是双向选择。例如，我把你派到西藏去，我得征求你的同意。因此，需要自己独立去找工作并不是从我们这一届开始的，在我们之前就开始了。广州是改革开放的前沿，因此，很多事情我们都是先开始的。当然，那个时候主导性的还是包分配，而且那个时候是"粥多僧少"，跟现在比是反过来了。在我们之前毕业的那些人都是绝对不愁工作的，我们这一届也都是不愁工作的。很多时候都是系里的人已经分配得差不多了，还有好多好的单位在抢着要人。我们当时本科生人少，所有院系加起来一个年级 1800 人，现在呢，八九千人，相差多大！当时基本也没有什么特别的就业指导，充其量只是老师指导一下你面试的时候注意什么事项啊、态度要诚恳、穿着要得体等等。

"如果一个大学不是以老师和学生为中心，那么，这个大学根本就不能称之为大学。"

问：我们知道您的博士学位是在新加坡国立大学（以下

简称"新国大")读的，那么您觉得新加坡对于学生的就业、学术、生活等方面的管理是怎样的？再者，您在那边有没有遇到过什么突发事件，新国大是怎么处理的？跟中国这边的处理方式有什么差别？

答：从对学生事务的处理上来看，中山大学跟国外一流大学的差距非常大。比如说体育设施，新加坡国立大学所有体育设施都是免费的，游泳池、网球场等所有地方都是免费的。但是有一点就是必须要排队，比如说我下午四点钟到五点钟订了这个网球场，你要用你的学生卡到网上去登记。所有的设施都不存在质量问题，因为它们很及时地得到检修，而且你想玩什么学校都大致能提供出来。这是学校的人性化服务，我觉得这就是第一个区别，没得比的。

而你看看我们现在的校园设施，南校区也罢，大学城也罢，很多是政绩工程，一开始并没有真正为学生着想。你看看新加坡国大的校园，很多都是20世纪80年代建的，再看看我们，现在很多人抱怨说我们中山大学图书馆里面的电源插头不够用，新加坡国大的建筑都30年了为什么他们够用？所有的地方，只要是有凳子的地方，就一定有电源插头。图书馆里面任何有座位的地方都有电源插头！你想想，这个超前的设计体现的就是一种为人服务的思想，这是必需的。建与不建，并不是由领导说了算的，因此，我们可以从一个学校的硬件上看出一个学校的民主、人权和人性化。

说到突发状况，出问题绝对不是小问题，很快就会公开的。比如说我们工程系有一个三年级的本科生，他在Facebook（脸谱网）上写文章骂新加坡人，说新加坡"狗比人多，看见那些人我就不爽"。这个就被认为是羞辱性语言，就被人投诉。新国大的校方处理非常坚定，取消这个人余下一年的奖学金，让他去做社会服务三个月并且留校察看。这个处罚是比较严格的，这个学生下一年3000多新币的奖学金没了，并且还要做社会服务，这个学生后来就只好道歉。所有这些东西都是公开的。至于会不会出现什么自杀或死人的情况，肯定也是会有的。人家肯定很专业的，有心理辅导室和心理辅导师，这一块我们这边做的是远远不够的。

另外一个就是，我们这边没有一个学生跟老师之间沟通的有效途径，导致我们的大学城不像是一个大学，而是像在地上圈了一块地然后一帮人进去，孤单地听课，然后落寞地回到宿舍，不像是一个大学。

问：我们现有的教育体制对我们理想的大学理念起到一种什么样的影响？

答：就说博士的培养制度吧，我们国内的全日制博士培养都是三年，国外没有一个大学会规定博士的培养时间就是定死了这么一个时间的。在国外，快的话两年就可以毕业，慢的话读十三年，这就是美国。那你想一下为什么我们这边就是这个样子，根源在哪里？管理。都是因为不好管理，你前面的学生不出去我怎么招生啊？学校涉及一个招生计划。我觉得这完全不靠谱，完全是因为物质的因素而把学术最核心的东西给废掉了，这就是买椟还珠、因噎废食的感觉，就是这么荒谬。这绝对不是好大学该做的，不管学生好不好都必须赶你出去。在这样的环境下你根本感受不到什么是"人心向学"、"人性化服务"，这些东西根本不该是说出来的而是做出来的。我印象非常深刻的是，一个比我年长几岁的哈佛大学毕业的人来新国大做老师，他说："你们知道为什么新国大比哈佛差么？"新国大的硬件设施绝对比哈佛好，那为什么新国大比哈佛差？因为不够人性。他举了一个例子，他的一个博士师妹很不幸是盲人。哈佛大学的校区里冬天会下很大的雪，她没办法出门。于是打电话给学校校车管理处，申请在什么时候、在什么地方去接送她，这一切完全免费。这是一方面，另一方面，因为她是盲人，生活的其他方面也必须得到特殊照顾，因此校方给她配了导盲犬，依然免费。这是校方的义务。学校也不可以抱怨说这导致学校的开支高了。一个好大学的开支必然会高，不然你凭啥要这么牛。而且不准歧视，所有的教学楼的台阶都有残疾人专用通道，这就是哈佛的做法。泰国厕所就有第三性的厕所，虽然也因为泰国国情特殊，但这也是一个例子，体现出他们尊重人多样化的这种良好态度，这一切都是人性化的举动。学校必须考虑学生需要什么以及校方怎么去做，这是必需的。

如果一个大学不是以老师和学生为中心，那么，这个大学根本就不能称为大学，这点是毫无疑问的。而如果用这个标准来衡量我们中国的不少所谓大学的话，那简直太不可思议了！

但在我看来，这个情况也不能单纯地怨我们的老师，为什么会出现这样的情况呢？是因为高等教育体制——比如说教师的评估体制是有问题的，比如说在升职称的时候要求老师一定要有相关级别的项目。在美国，一个哈佛的教授申请到自然科学研究的项目资金支持，这是非常正常的，这个东西怎么可能成为"能不能升到教授"的标准呢？但中国就是用这个来衡量我们的教师的，那你让我们的老师怎么办？是把精力放在项目申请和参与上，还是放在对学生的教学上？虽然我自己在这方面并没有受到这种考核制度很大的冲击，但是我对这种硬性僵死的考核方式很不赞同——这对教师而言是一种压迫。这在国外高校是不可能的，他们是要向学生负责的，而学生是要对教授打分的，而且是实打实地给分。而且教授评职称的时候，学生是要进行投票的，评审的六票中，学生是占有一票的。在新国大攻读博士的时间都是不定的，我就是用了三年零十个月毕业，这是最快的了。同样一个学位，我太太是用了十年，我同门的一个人用了四年半。在国外，培养一个博士是很辛苦的，培养博士这种事情不能很随便，如果你花那么多的时间和精力，但是却又不认真培养的话，有什么用？如果你不优秀的话，谁会理会你？谁会买你的账？

国外好的大学的研究生基本没有生活压力，我读博士时一个月领 2000 新币奖学金还不用纳税，我的导师月入 20000 新币，而新加坡一般的老百姓平均月收入就是两三千新币；而我毕业后作为引进人才，破格成为副教授之后，一个月工资扣完税就剩 3500 元。国内学校对教授和老师的待遇是很差的，给予人才的物质支持是很微弱的，至少是分配不均的。然而领导的待遇却很高。一所大学里面最重要的部门应该就是教务处，它的地位最高，往往都是由副校长来兼任教务处负责人。民国时期一间学校里教务长的地位仅次于校长，鲁迅当教务长时是学校五人委员会之一，可见地位是比较高的——因为这涉及全校最重要的学生的事务。你看现在，虽然教务处处长仍然是比较重要的，但是地位始终还是比很多领导低。而在我看来这个位置应该至少是可以和副校长相提并论的，按道理讲这个位置就是学校里最重要的位置之一。多难做啊，这个位置！它所涉及的事务至少是一个正常学校一半以上的事务。

"这就是我们整个大学失败的地方——居然用发行命令的方式去解决问题。"

问：那您是怎么看待现在一些教授不愿意给本科生上课、只带研究生的情况的呢？是不是有些教授会觉得，做自己的研究更重要一些呢？

答：我经常跟新来的年轻老师说一句话，我说："你要明白啊，大学里面，教学是公共事业，学术是一己的事业。你做的学术好了，更多的是属于你自己的荣誉，当然也会造福学林，但是实际上归根结底还是你自己的。"而教学则是公共事业。那么，如果是教授的话，没有教学，你还是教授吗？这就是我们整个大学失败的地方——居然用发行命令的方式去解决问题。教授不上课，辞职就是了。因为你是教授，你就要负责教学。另外，在我们这种级别的大学里，只要做到了正教授，大家都安全了，已经开不了你了。但是国外的话，做了系主任，是要向所有的教授示好的。为什么？国外的系主任本来就不是官嘛，是服务大家的，而且往往可能轮流做。教授是很大牌，但是教授是要上课的，就是说，教授无论怎么牛，他也不会向学生耍大牌。

你看一下，这五年来我的工作量是多少：一般情况下，一个普通的教授，只要270课时就够了，而我是接近500课时。多了这么多，有钱么？没有。上这么多也是没有奖励的。而且博导似乎更不需要给本科生上课。为什么？你带研究生尤其是带博士，工作量很高。为什么中国现在培养的博士素质堪忧？因为一个导师可以包办完学生所有核心课程。所以国外的博士生培养，规定了每个学生必须选其他老师的课，不选就不可能通过资格考试！我们不是，就允许一个老师把一个学生一年的课都上完。这一年的工作量就完成了，教授就不上课了。这就是不合理的地方嘛。但是在国外，教授不能只给你自己的学生开课，而要给全校的学生开课。

在美国，我这个专业的大佬——王德威——哈佛的讲座教授，他一年要上三门课啊！他如果上不完这三门课的话，一个月15000美元的收入就拿不到。这是规定，这根本是说都不需要说的。大学教授就要给本科生上课。所以教育部居然"煞有介事"地发一个通知，说：两年之内教授不上课就取消教授资格。相当荒谬。首先，这个规矩就是不合理的，教授不给学生上课的话还算什么教授！鲁迅是我们第一任的教务长，但鲁迅每周的开课是12个学时啊！但是你想想，为什么今天的教授不上课？因为他只需要向上面负责，他不对学生负责了！所以国外的学生，尤其是本科生有更多的机会可以获得来自教授的学术指导，而且是最好的教授。教授是一定要给大一的先上课，这是一个规定，一般情况是这样的。而且，每一个学生必须被分配到所谓的"office hour",就是说,像你们现在这样与教授面对面地交流。每周必须要有这样的东西。分配了以后,那个学生就会去找你。我们做不到是因为我们的师生比例就有问题!1:10、1:8是国际博雅教育的潮流之一。但你看我们现在是多少啊?你觉得会有希望吗?

问: 那是否可以这样理解,中国太急于培养一大批高等教育人才?

答: 不完全对。真正的目的,第一,培养廉价劳动力;第二,转移就业的压力跟视线;第三,维稳。另外,为了让中国的好大学在短短的时间内超过欧美的比例。博士生就这么出现大规模扩招了嘛,中国的博士数量现在已经超过了美国。

中国的理工科的学问,基本上是博士生去做,或者是青年教师,这个是差别。你如果经历过像我这样,从学生转换成老师,并且在国外呆过,然后再想想国内的大学和教授在做什么,就明白了。第一个目的就是为了培养廉价劳动力。对不对?为什么要扩招?因为要把教育产业化,赚钱,进而捞钱。扩招的第三个原因是维稳。你在这么一个心潮澎湃的年龄,如果进不了大学,又找不到工作,只能在社会上混的话,那不是很危险吗?所以,大学就要疯狂地扩招。但是其实师资完全跟不上。

"教授治校。"

问: 那您觉得教授和其他专管学生事务的人员,他们之间是怎样的一种关系呢?怎么去分工还有合作呢?

答: 教授治校,这是毫无疑问的。在国外,一把手系主任绝对首先是教授,而在他下面有一个办公室主任,叫做 Senior manager,高级经理,专门管行政方面的琐碎事务,如学生请假、奖学金发放等等。行政人员只管普通的学生事务,学术方面和教学方面则由教授来负责。校级或者是更高级别的负责人都必须由教授来担当，国外大学往往没有辅导员，他宁愿花这个钱去请更多的专业心理咨询师。他们并不会招收这么多的学生，他们有很严格的师生比例。

　　在我们这里，负责学生事务管理的人反而最怕学生，最怕学生有问题、出事，这是不正常的。他们并没有把学生放在一个很高的位置，而是把自己抬高，觉得自己始终是个管理者而不是一个服务者。我去美国的大学访问的时候，学校的副校长兼音乐学院院长想找我聊天，打电话问我说："你知道我的办公室在哪里吗？"我说我不知道，他就说那他要来我的办公室，我就再回复说我的办公室比较小，他就说："那好吧！我们去教工饭堂喝下午茶吧。"另外，国外的老师不会去迎合学生，学生听不懂可以去申请tutor（辅导），虽然学生是要给老师打分的，在教师升等的时候这个分会占到30%～40%。在评教这一点上，中山大学刚刚走上了一条正确的道路。学生没有权利和义务的大学肯定会越办越差。

　　"一旦你遇到一个好老师的话，这会是一件很好的事情。"

　　问：我们想了解一下当时中山大学给学生关于学术方面的指导是怎么样的？我们知道中文系好像从20世纪80年代开始设立了给本科生的"导师制"，具体情况是怎样的？

　　答：是，一直都有。怎么说呢，这个制度本身有一些好的地方，因为在本科生刚来中山大学这个新地方感觉到彷徨的时候，就给他们一定的帮助，类似老母鸡保护小鸡的感觉，哪怕学生一个月才和导师见一次面，学生对导师的亲切感和对学科的认同感也会随之慢慢增强。一旦你遇到一个好老师的话，这会是一件很好的事情。

　　问：如果中山大学实现了类似您刚才所说的那种国外的学

生事务管理体制的话，会不会跟现在整个中国的大环境格格不入呢？

答：一个刚刚被释放的奴隶是绝对没办法一下子适应新的状态的，甚至说他还愿意回到那种被奴役的状态中去，因为他不知道怎么去使用和珍惜他的新的自由。但是，你要相信，给他一段时间之后，他就会品尝到做一个自由人的喜悦和掌握自己命运的权利其宝贵价值所在。这个跟民主是一个道理的。

"大学绝对不能堕落，教授就是我们良心最后的底线。"

问：不管怎么样，我们还是希望推动一个高效的学生事务管理，哪怕只是推动一点点。

答：我觉得修修补补还是可以的，在不影响大环境和利益的前提下，在不影响维稳的前提下，做一些有利于学校名声和学校本身的具体操作是绝对允许的。

那你们说我们今天谈这个有意义么？有意义！这也是我愿意来跟你们说的原因，我们能做的东西就尽量去做。我们以前认为大学绝对不能堕落，教授就是我们良心最后的底线，但是现在不是，现在教授反而成为最后的封建堡垒。所以，我就说在这样的制度下，再过个几十年也培养不出什么大师。你看日本的学生，从小学或者更早的幼儿园开始就是自己服务自己，而我们都是家长帮忙，鞋带都是爸妈帮忙系好的。连高考填志愿，很多都是家长包办的，所以你看我们整个社会有未来么？中华民族怎么伟大复兴？

"可以曲线救国，绝对不能助纣为虐。"

问：那您对您的学生有什么期待呢？

答：可以曲线救国，绝对不能助纣为虐。曲线救国，实现部分理想。这个社会不可能让你真正实现全部的理想。你可以部分地扭曲自己,让自己获得一些东西,但不能堕落。

问:现在很多学生,即使是要走学术的路线,但他最终还是要去工作。很多人就在本科阶段做兼职、做实习或者去参加社团活动来锻炼自己,会把精力更多地放在这些方面。那您作为教授,怎么看待这些现象呢?或者对此有什么建议?

答:这要看你将来想做什么。如果你要做学问的话,那么大部分的精力和时间还是要在学习上,然后有那么一两成的时间接触社会实践,更方便去理解学问,也是对的!但它绝对只是一个帮助、一个辅助性的东西。你读书,当然是要读万卷书、行万里路。但是,如果为了获得什么东西而进学生会,在我看来没什么意义,无非是简历好看点。

问:现今官场存在着一些不良风气,它是否已经污染了我们现在的大学校园了呢?

答:是已经沾染上一些习气!这个东西早就知道,只是我们不方便说而已。

"奖学金制度是靠做学术的,就是回归学习的东西,比较纯粹的。"

问:您怎么看评奖学金时综合评测加分的一些现象?比如一些院(系)倾向给自己内部的活动更多加分,再比如学生为了加分去做志愿者。

答:我偏执地认为,奖学金制度本身有问题,本来就不应该有这种东西。另外,我心甘情愿为人民服务,你需要给我工资吗?仔细思考一下这个问题,你就会懂。因此,它本来就是变质的。这本来就是问题重重的制度!但是你这么讲的话已经把它消解和否定掉了。但是你要怎么样去做呢?你本来就是要基于一个内心仁慈的一面,同情心、怜悯的一面,快乐地奉献社会的一面，才去做志愿者的！应该是以这种东西为主的。你现在把它搞成是"我为了什么东西而去做什么东西"的制度，我现在献血加 1.5 分，做志愿者加 0.5 分，这个东西是非常荒谬的。但是你也不得不履行，这就是我们的制度啊！

"发现你自己。"

"找到自己比较强大的一面，在未来把这个优点继续强化，这样的话，你就会活得比较自信开心一点。"

问：对于不做学术又不考公务员的学生来说，你觉得他们在本科或者研究生阶段，应该怎么去平衡学术跟其他方面的关系？大学，如果算上研究生的话，那么多年，会不会其实是一个重新塑造、完善学生人格的一个极好的契机？

答：我觉得，如果你不是一个将来想做学问的人，也不是想当官的人，那么其实你的核心任务就是一个，发现你自己。找到自己比较强大的一面，在未来把这个优点继续强化，这样的话，你就会活得比较自信开心。将来即使你这个强大的一面没有被你发展成你的专业或者成就你的工作，即使作为另一个兴趣的话，那也是开心的。因为只有找到这一点，你才明白兴趣在什么地方、专长在什么地方，这样的话就活得比较开心。哪怕打另外一份工，或许你会卑微，或许你会痛苦，但是这个东西让你活得有尊严。大学如果能够实现"发现自己"这样一个任务，也是成功的。

【采访后记】

这次采访给我们印象最为深刻的便是朱崇科老师的办公室里那一摞一摞的书，用"堆积如山"来形容一点也不为过，其中又以与鲁迅先生相关的书居多。毛泽东同志在《新民主主义论》中称赞鲁迅先生是骨头最硬的人，没有丝毫的奴颜和媚骨。这种绝不屈服的态度激励着一代又一代的国人去努力挣脱身上的枷锁，拥抱自由，自立自强。朱老师身上也充满这种横眉冷对的骨气，他既充满激情地赞颂了国外大学人性化制度的种种优势，也细致地分析了国内体制的不足之处，无情地揭露出现代高等教育体制的根本弊端，尖锐地批判了人们为了利益而对教育所做出的种种污染，辛辣地讽刺了当下体制内的人的种种窘态。他那本真、自由、大胆的呐喊发人深省。正是有这样的勇士和批判者的牵引，我们才能在求索的道路上渐行渐远。

古南永　学生工作要让学生自主学习和自主发展

采访人：詹捷宇　王少微
撰稿人：周宏胤

古南永，1966 年 10 月出生于广东省梅州市。1984 年至 1988 年 7 月就读于吉林工业大学汽车工程学院，获工学学士学位；1991 年至 1994 年 7 月在中国人民大学德育研究所读研究生，获法学硕士学位；2001 年始，为中山大学历史系在职博士。现任中山大学社会科学教育学院副教授，中山大学教育学院社科系德育研究室主任。1995 年至今，一直兼任心理辅导、心理教育工作。

古南永

【观点摘要】

"学校在组织学生活动这方面还是做得挺不错的，如果说还有什么可以稍微挑剔一下的话，我觉得是在学生自发地组织活动这方面还略有遗憾。"

"我觉得我们中山大学学生的思想要更多元化一些，对于新东西更宽容一些，不要一根筋，一种观念。"

"自主学习，自主发展，多样化的一个舞台和渠道，我认为这是我所期待的一个状况。"

采访人问（以下简称"问"）：古老师，您好！今天我们采访的主题是"学生工作与学生成长"，这是我们中山大学的一个"985"经费资助项目。哲学系是这个项目的参与者，我们主要是对学生事务管理工作进行哲学反思，用哲学的思考方式来看待这个问题。古老师在教书育人和学生工作方面都做得非常出色，您跟学生交流密切，关注学生的成长，您的语录在中山大学学生群体中非常受欢迎，所以很多同学都推荐我们要采访您。

受访人古南永教授答（以下简称"答"）：呵呵，我以前一个是上公共课，一个是在心理咨询中心，这都是跟同学交流比较多的。我喜欢和他们谈一些很自然的东西。

"学生工作主要是对学生活动进行管理。"

问：您以前一直做心理辅导，也开过很多公开课，跟学生交流比较密切。您认为学生工作应该包括哪些方面呢？

答：学生工作主要是对学生活动进行管理。从目前这个情况来看，学生活动一是团委做的社团的工作。二是辅导员，他也可以组织一些学生的课外活动。还有就是教务处、学生处组织的一些课题，我有几次都被学生邀请做他们的辅导老师。再有就是院（系）的项目，院（系）特别是暑期的时候会有一系列的实践活动。也有某些高年级的学生参与了导师的一些项目。当然还有一些是在刚才所说的几个系列之外，可能有个别学生通过某些社会团体去做志愿者，他以个人的名义参与到校外的一些组织，我觉得这也属于学生活动。我感觉现在学生的课外活动挺多样化的。

问：那您认为我们的学生工作者在引导学生参加这些活动的时候，可以提供一些什么帮助呢？

答：在学生工作这方面已经形成了一套非常稳定、固定的做法，比如说团委，它就有比较成熟的做法。教务处的一些科研的活动，如挑战杯，这些都是比较固定的套路了。就学生活动的大氛围来讲，学校还是比较鼓励的。学校在组织学生活动这方面还是做得挺不错的，如果说还有什么可以稍微挑剔一下的话，我觉得是在学生自发地组织活动这方面还略有遗憾。我不知道你还记不记得，前几年中山大学不是搞过一次学生会直选吗？那种方式后来好像被认为不大合适，所以就再也不做了。还有一个比较出名的社团叫金字塔学社，它的活动好像也不是很活跃了，这些纯粹的学生自发的活动少了一点。但是自治在我们社会还是个敏感的话题，这是我们整个社会氛围的原因。

"市场经济、网络给我们的教育带来了新的气息。"

问：您在不同的学校分别获得了学士、硕士和博士学位，从时间上来说，您认为那个时代培育人才的目标跟现在有什么不同？

答：从时间上来说，我觉得差别不大，因为我们都处在最近二三十年改革开放的氛围下。要说有什么不同的地方，我觉得市场经济导致了比较大的体制改变，还有就是网络时代、信息时代，导致学生学习的模式、生活发生了比较大的变化。变化最大的就是学生的就业问题。我大学毕业的时候还是计划经济，工作都是分配的，不需要自己寻找就业机会。在分配的情况下，学生对自己的素质培养并不是按照市场的要求来的，按照计划的套路走就行了。现在的学生就业就要考虑现在市场上需要什么，什么具有竞争力，然后他就要关注那种竞争所需要的素质，这是我觉得改变很大的地方。另一方面就是网络时代带来的影响，网络使得学生的信息量非常大。我们读大学的时候，厉害点的同学就是多读几本书，这个差别不会特别的大。但是现在，信息面广了，学生对信息的摄取更快，角度更多。

网络带来了学生学习和工作上的变化。比如说人际交往,现在很多人就通过短信、QQ交流。还有一个就是总体感觉学生的体育活动减少了,身体素质下降了。我们那个时候的学生下了课,不去运动去干嘛呢?待在宿舍没意思啊。现在网络很好玩,很容易消磨时光。那个时候体力运动还要多些,现在很多人反馈,学生的体育素质、体育测试成绩也在下降,这个应该是很自然的环境影响。

问:您觉得吉林工业大学、中国人民大学、中山大学,这三所学校育人的目标有什么区别呢?

答:从根本的角度来说,中国的教育体制是高度政治化的,就是在一个宏大的教育方针下培养社会主义建设者、接班人,这都是一以贯之的。但是呢,中国的高校在1952年院系调整之后就搞出来很多专科大学,我读的吉林工业大学就是典型的专科大学,我就是被按照一个工程师的样子培养出来的。我在本科时学过的所有文科的课程就是三门政治理论课。专业课加政治课,专业课保证你专,政治课保证你红,又专又红。因为吉林工业大学是一个纯粹的专科性大学,所以它的教育内容就是狭隘的政治教化加技术培训。中国人民大学是文科学校,中山大学是综合性学校,人文性、思想性当然就多一点。从20世纪80年代中后期、90年代开始,那些专科大学也在转型,一个是合并,另一个是重建综合化,就像华南理工大学,它从前只是理工大学,现在也有一些文科专业。还有就是加强了对学生的素质教育、通识教育。20世纪80年代,一个工科大学的大学生除了学习专业课就是政治课,没有任何其他的所谓素质课。但是现在,即使是理工科的学校,它们也有一些这方面的课程了。这就是一个时代的变迁。

"我们的教育有两个片面的发展,第一是走向了教化,第二是做成了培训。"

问：这个变迁是很好的，但是现在社会上有些评论说我们的大学就像养鸡场，它在复制一种市场化的人才，而不是像您说的培养一种综合性的人才。

答：我曾经在上课的时候分析过，我认为我们的教育有两个片面的发展。第一是走向了教化，就像古代的政治教化，教育被当做一个政治教化的工具。第二是教育做成了培训，培训主要是来自市场对人才技能的要求。教化主要是控制教育的政治力量对教育方向的控制。中华人民共和国前几十年的教育就很好地体现了政治加专业模式，就是"又红又专"。最近20年以来情况稍稍有了改变，从量的角度来说，课程变得更综合了，原来只有思想政治课，现在至少还留了其他的课，课外活动也多了。同时，学生管理确实是更宽松、多样化了。但是从质的角度，我就觉得它还没有达到真正的改变，还是政治把握办学方向，像中山大学直选学生会主席后来变成问题，这些都体现了体制控制。然后从培训的角度来说，学生要自主择业、自主就业，这是一种强大的力量，它影响着学生的行为、学习的选择。这是一个大环境影响下的个体行为，所以你提到网络上说我们还是像养鸡场一样，这跟教育环境有不可分割的联系。

"至少对于来求助的同学，我们都尽力了。"

问：您求学的时候，学生管理跟现在差别大吗？那个时候会不会有辅导员、副书记这样一些专职学生工作的岗位？

答：我读大学的时候也是有辅导员的，然后也有一个副书记负责学生工作，这个好像没有什么变化。学生管理体制的变化还是很小的，包括政治理论课的系列、团委的系列，学生管理的体制、脉络都没有决定性的变化。我感觉我上大学的时候面对的也是辅导员，只是辅导员的职责有一点点变迁。六七十年代，辅导员就是政治辅导员，主要跟思想政治工作有关，就像部队里面的政委主要做政治方面的工作。但是到了七八十年代，辅导员正式地称为学生教育管理教师了，不过大家还是习惯性地叫辅导员。他的工作性质职责现在更多是学生事务、学生管理。以前日常事务少一些，现在呢，学生也多了。以前哪有什么助学贷款、勤工助学，这些都是很少很少的，现在这些都作为辅导员的一个主要工作了。

问：有没有像心理咨询中心这样一些部门？

答：这个就没有，我上大学期间是没听过这码事的。假如有个别的学生心理有问题，基本上就是辅导员做做工作。这个部门20世纪80年代中后期才有，像我是1994年来中山大学的，1995年学校就调了两个专职的人来做这个工作，当时还成立了专门的心理咨询中心。

问：那您觉得心理咨询中心发挥的作用怎么样？

答：这个不是很好评估。它在早期的时候以个别咨询为主，面对的学生数量是比较少的。然后逐步就上上课呀，做做讲座呀，逐步从个别辅导走向心理健康教育，这个面就广一些。在20世纪90年代的时候，对于过来求助的一小部分同学，我认为还是发挥了一些作用。针对一小部分同学叫做危机干预，更高一点评价它也不过分。这种个案不是特别多，一年只有那么三五个，但是对于每一个同学来说都是挺有价值的。对整个心理咨询行业的效果的评估还是有争议的。它不像生理上的有些症状可以药到病除，心理咨询的作用不是表面的，有可能是我帮了你，也有可能是你自己熬过来了。至少对于来求助的同学，我们都尽力了。

"我觉得我们中山大学学生的思想应该更多元化一些，对于新事物更宽容一些，不要一根筋、一种观念。"

问：老师，还有这样一个问题，您从1994年到现在在中山大学带了18届学生，您对中山大学应该比我们熟悉得多，在您看来，您觉得我们中山大学的精神是怎么样的？有没有一些比较印象深刻的事或者人？

答：如果要讲中山大学有什么特色，那就必须讲是在一个什么样的参照系，一个什么样的比较之下。在这样一个参照系或者比较的角度下，我谈两点。第一点，就是在中国教育不是很独立的情况下，其实大学都没有个性，所谓的根本性精神是没有的。一个个人或者学校要有他的精神，必须是在他非常独立、自主的情况下，才能够谈他有什么个性、什么精神。比如说，在西方一些体制下，大学就是一个法人，有着独立的社会地位，我国还没有这个条件。在这种体制氛围下，中国的所有大学都谈不上有什么精神。在这个层面下再谈得比较具体一点，即第二点。由于历史背景的不同、地域的差异，不同大学肯定还是有一点点差异或者说特色的。中山大学跟我能够了解到的国内其他大学比较起来，最基本的一个不同在于它的地缘所带来的影响，它处在广东地区，与港澳的接触比较方便。开放的意识、全球的意识、多元化的意识，可能更浓厚一点。所以中山大学的学生也是如此，那种整齐划一的状况就没那么严重。我觉得我们中山大学学生的思想应该更多元化一些，对于新事物更宽容一些，不要一根筋、一种观念。

问：在这样一种多元化的氛围下，您觉得参加学生活动和专业学习是否有冲突？这是一个很多学生都会思考的问题。

答：应该说学生活动和专业学习有时候会有时间上的一些冲突，甚至难以寻找兼顾的时候。学校大了之后就会出现一种多元选择的局面，比如说某一部分学生专注在走向社会的活动上，也有一部分学生的目标在比较学术性的层面。这需要一个逐步清晰的过程，因为有些一、二年级的学生不一定能够很清楚自己的目标在哪个角度。这有一点摸着石头过河的味道。在这个过程中，中山大学还是提供了一个很好的环境，应该说学校还算是允许学生参加各种活动。但是作为老师，可能有时候会抱怨，学生因为搞活动影响上课，当面对学生因为活动来请假的时候，我自己也会矛盾。就是说，尽管个别时候对学生因为搞活动请假我会有一点不爽，这是当时的一种情景，但是从一种理性的长远的思考来看，也会认同学校给学生一个多元化的氛围。大学生不应该像高中生那样为了考试将其他东西都忽略了，因为做学问，哪怕是在哲学系，都是小部分的学生。这个是我们应该承认的实际情况。

"所以说假如我有什么建议，最根本的就是让学生自治。"

问：那么，您对中山大学的学生管理工作有什么建议或者想法？

答：我的想法可以从两个方面来谈。我上课的时候曾让学生读过陶行知的一篇文章，是他1919年写的，标题叫《学生自治之研究》，主张学生从被治走向自治。陶行知说，一国之中，人民情愿被治尚可以安，能够自治就可以太平，最危险的国家就是人民既不愿意被治，又不能够自治。当时他就觉得国民自治要从学生自治开始，因为学生是国民群体中素质比较高的，他觉得假如学生都可以做好的话，那走向社会就有这样的基础。陶行知所呼吁的东西，也是我现在上课一直试图让我的学生理解的东西，一种自治的意识。我们的社会从传统社会的臣民走向现代社会的公民，就是从被治走向自治，这是现代社会的一个趋向。我也希望学生不断去了解、树立这样的意识。一方面是个人管束自己，另一方面就是参加各种各样的社团、组织。中国的模式就是强大的政府和无穷多的渺小国民，如果个人能够自发地组织一个社团，这个社团再不断地组成更大的社会团体,这就是一个自下而上的社会组织。其实我说了这么多,意思就是让学生自己去组织,包括自己选学生会,这些其实就是很好的举措,可惜后来被阻止了。所以说假如我有什么建议,最根本的就是让学生自治。在这方面,我觉得中山大学已经走在了全国大学的前列,因为中山大学也是愿意让学生去直选学生会的嘛。中山大学已经有意识地走在了这条路上,我假如对这样的工作有什么期待的话,就是多鼓励学生,给学生更多的渠道吧,更多样化的渠道、舞台,让学生自己去做组织、发展,而不是像从前那样很被动地学习。自主学习,自主发展,多样化的舞台和渠道,我认为这是一个我所期待的状况。

"我希望我们的学生珍惜我们的人生,珍惜这个美好的阶段。"

问:可以说在中国大学范围内,中山大学已经算是做得不错的了。孙中山先生说过,他对于学生的期望是希望我们做大事,而不是做大官。这句话激励了很多人,我也看过您的语录,其中也提到很多对学生的期望,那么最后一个问题就是您对我们中山大学学子有什么期望。

答:这个呢,我觉得很难说得很简练,学生时期是人生的一个阶段,我希望我们的学生珍惜我们的人生,珍惜这个美好的阶段。因为这个阶段实在是人的一生中特别美好的阶段,不要虚度了,多学一点东西,不要老是睡觉、玩游戏。我从理想点的角度来说,人生这么美妙的时光,如果能够充分地利用起来让自己多读一点书,多长一点见识,在中山大学这样一个号称广东最高学府的地方,充分利用资源,让自己站在更高的平台上,是人生中非常美妙的体验。在这个基础上将来做什么大事、做什么大官的话,都是一个很不可预测的东西。当然这也是一个价值判断,什么事叫做大事,做到一个什么样的官才能叫做大官?假设我们一个中山大学的毕业生,做了一辈子普通的职员,为什么他就算不成功呢?只要他作为一个校友,自己活得自在,我觉得都是很好。我对人生是比较相对主义的,我不觉得一个职员要比一个省长更加失败,因为很多东西当事人的感觉更加重要。

【采访后记】

古南永老师是一位亲切和蔼的老师,我们的整个采访过程始终是轻松愉快的。最让人感动的是古老师对学生的付出,无论是学习上的关心,还是心理咨询上的密切交流,都给中山大学的学子带来了很大的帮助。

翁时秀　追求学术共同体的合力

采访人：林东明　李哲鹏
撰稿人：张昕琪

翁时秀，本科就读于西北大学资源环境与城乡规划管理专业，2006年考入中山大学攻读地理科学与规划学院研究生，2008年硕士毕业后继续攻读旅游学院的博士学位，于2011年获得管理学博士学位，并于同年9月份开始于中山大学地理科学与规划学院担任讲师。

翁时秀

【观点摘要】

"从大学的功能来讲的话，大学，一个是知识的传递和传播，另一个是知识的创造。"

"我觉得学生要有比较多的体验和经历。如果说学习是核心的话，那这些都是处于外围的一个方面，核心的东西是你实实在在的，而外围的东西可以扩大你这个圆。所以，我觉得这两个方面都很好，但是中间这一块不能丢，丢了的话，你同样是一个圆，但却是一个空心的圆，那么这个圆的面积就不是一个最大的面积。"

"一个老师不管你有多忙，不管你的科研的任务有多重，你必然是要非常用心地去回答学生这些问题的，来帮助他们解惑。"

"其实就是一句话，要用心。"

"我选择放弃保研。"

采访人问（以下简称"问"）：我们想了解一下您在大学时候的生活，比如说参加社团活动。

受访人翁时秀教授答（以下简称"答"）：大一的时候，我基本上没有主动参加学生活动，因为自己当时对于大学生活没有任何的感觉。我只听师兄师姐说，参加一些社团活动对以后的发展比较好，所以基本上根据师兄师姐的意见来做一些事情，参加了我们系里的系报和学生会的招新。我一开始对工作颇有热情，但后来做了一段时间之后发现自己不是特别喜欢干这个活，主要都是校对错别字和排版什么的，我觉得比较没意思。大二之后，我开始对大学生活有了更多的感想，也有了更多的目标。我在大一时就觉得，就我的性格来讲，我比较喜欢看书，比较喜欢做研究，读研读博之类的会更适合我。我们大二的时候，如果你成绩还可以的话，就可以选辅修的专业。你们现在条件很好了，可以选双学位了，可以选双专业，还有辅修；我们那时候没有双学位可以选，只有辅修，而且辅修跟你们不一样，我们那边就只有几个专业：经济学、新闻和计算机等。我选了计算机这个方向，因为我们地理里面有一个专业是GIS，就是地理信息系统，它是非常注重计算机基础的，所以我当时就想，我是学资源环境与城乡规划管理的，而GIS是我们这个学科非常重要的一个工具，从学科发展的角度来讲，我觉得学计算机可能会比较适合我未来发展的道路，而且我是理科生嘛，学计算机对思维的锻炼会比较好。从那以后就再也没有参加社团活动了，只是在大一的时候在系报做了一段时间，而且因为校区隔开来工作不方便，所以也没有很深的介入。

问：当时您已经想好了自己要走的那条路，而且方向很明确吗？

答：对。因为我学的是资源环境与城乡规划管理，它的方向很多，城市地理学、人文地理学、经济地理学、文化地理学等各个方向都会有。我们如果要读研，到大二下学期的时候就基本上会开始考虑以后要往哪个方向去读，读不同的方向的差别还是挺大的。当时我对文化地理和旅游地理都比较感兴趣，但考虑到以后就业而倾向后者。在定方向的过程当中，有一个老师对我影响比较大，他是教我们旅游地理和旅游规划这两门课的，他为人很风趣，很幽默，上课也上得比较好，对我也比较关照，所以当时就因为这些原因而决定要读旅游地理。到大三的时候基本定下来了，也就偏重这个方面。我们那时候有学年论文这样一个制度，大二暑假和大三暑假都要写一篇论文，有指导老师指导我们写，我都是选那个教我们旅游地理的老师，写的都是旅游地理方面的论文。当时我们保研的名额是比较少的，全班只有两个名额，我成绩还算可以，所以是那两个名额之一。但是因为我对当时的保研政策不了解，以为只能在比较相关的学校和科研院所里边选，就没有考虑自己联系中山大学这边。后来等我发现可以自己联系的时候这边已经截止了，所以我选择放弃保研。因为中山大学的旅游地理是全国最强的，而且，现在的旅游学院院长，原来地理学院的院长保继刚老师，在这边带领的团队做得很好，他的科研成果和研究事业都比其他学校超前很多。我后来选择了考研，决定报保老师，但是那时保老师已经有5个保研的学生，虽然当时我考上了，但他说因为名额比较少，所以就没办法招我，只好调剂给地理学院彭华老师。我跟彭华老师读了2年的研究生，然后到旅游学院这边跟保老师读了3年博士。大概的读书经历就是这样。

"关键在于老师和学生之间怎样形成一种良性的互动。"

问：您读书的时候，除了教旅游地理的那位老师，还有没有对您影响比较深的老师？有没有其他的，如做行政的老师，管学生工作的老师，例如辅导员？

答：对我基本上没什么影响。因为我一般没有什么事情找他们，也不需要心理指导、就业指导等。除了上过一门思想道德修养之外，我读书4年期间都没有主动找过他们。

问：其实我们有很多同学也跟您一样，也是说尽量请老师不要管我，让我有一个自由的发挥空间。但是我们现在也看到了，很多学生由于缺乏这方面的管理，有些方面出现了一些问题，比如说心理。如果从这些方面来看的话，您觉得这些老师有没有存在的必要，或者说如果有必要，您希望他们做哪一方面的工作，以怎样的角色起到怎样的作用？

答：我没有任何学生管理方面的经验，更主要的是我对这一块根本没有任何思考，也没有跟那些行政人员有过任何的接触。我基本上都是自己读自己的书，跟同学玩得比较多，跟辅导员接触比较少。但是我认为存在肯定是有必要的。因为我能够自己安排好自己的时间，安排好自己的生活，有自己的目标。

但就我对中山大学的本科生和对西北大学本科生的了解来说，其实还是有挺多的人，一方面，在刚进大学的时候会有一段时间比较放松，也会有一段时间比较迷惘，对于自己以后要做什么可能不是特别清楚；另一方面，高考有一个非常明确的目标，要考到多少分，上什么样的学校，但是到了大学之后，可能有的同学一下子没了目标了。从高中生到大学生是一个非常需要转型的阶段。从心理学的角度来说，一个人对于未来发展方向的把握、各种技能的培养和发展，以及对于某一个群体或者某一个地方的认同，都是在大学4年里建立的，所以这4年对于一个学生的发展来讲非常关键。大三是一个人对于一个群体建立认同的非常关键的时期，因为大一、大二基本上是学基础课的阶段，到大三的时候你会考虑你要读研还是工作，所以大三这个阶段非常重要。很多人的"堕落"就是从大三开始的，但这个堕落是打引号的。所以在这个阶段里，我觉得辅导员的角色应该是非常重要的。我觉得，不能把辅导员这种主要管理学生生活方面的老师去掉，这样不合理的。关键在于老师和学生之间怎样形成一种良性的互动，然后使得学生能够比较正确地认识到，自己这样的行为会导致什么样的后果。虽然我们作为老师也好，作为家长也好，等小孩成年了之后，我们是没有太多的权力去强制他做什么事情的，但是我们有义务让他明白，他所有的行为将来可能产生什么样的后果，而这一切后果都必须由他来承担。例如很多小孩在宿舍里打游戏或者干什么，可能就觉得是图一时之快，但是他可能不会想到，他这样子玩了之后，对于以后的工作或者其他会有什么样的影响。他可能自己朦朦胧胧觉得，"唉，这不是一种好的生活状态"，但是他沉浸在里面，享受这种快乐，没有考虑到未来的很多痛苦。这时候我觉得不仅仅是辅导员、班主任，还有我们这些任课老师都有责任，要帮助他们去理解他自己行为的各种后果。但如果他明白了这些之后，还要坚持这种生活方式，那我们也就没有办法了。

问：老师，我想问一下，您现在是任课老师，您觉得任课老师有没有可能完全取代辅导员这一方面的工作？

答：取代不了。因为从大学的功能来讲，大学，一个是知识的传递和传播，另一个是知识的创造。就这两个功能来讲，主要的任务就在我们这样一群做科研的老师身上。但是对于大学生来讲，大学的功能就不仅仅是这两个，大学不仅仅是学生学到了什么，也不仅仅在于他去创造些什么，他更多的是学到知识，学到做人的道理、做事的方式，还有团队合作精神等等，这些方面是我们在课堂上很难教给他们的。另外，刚才说了，教师的任务在于传授知识和创造知识，学生的其他方面该怎么来，只能由做行政的老师和辅导员来帮助他们去更好地调节。因为就个人的经历来讲，说实话，我们不可能像高中的班主任那样面面俱到地帮助学生，那样是很难的。

"我们课堂上，不仅仅是传授知识，更重要的是对你思维的锻炼。"

问：您觉得您在大学阶段有没有想过，作为学生应该朝怎样一个目标去发展？因为很多人在整个大学阶段做着不同的选择，很多学生明白自己要像您一样去读研读博去做学术，因此很认真地读书；有一些学生选择往外走，想去找工作，倾向于社会实践，所以课堂学习就相对较少。您在教学的时候有没有遇到这样的情况？您是怎么看待的？

答：有。肯定有的学生的目标是要读研，而有的是找一份比较好的工作。我觉得这些都是很好的想法。不管读研也好，要找工作也好，我都非常支持。但关键在于你对你自己以后要做的事情，要有什么样的学术上、能力上的准备，我觉得这个要明确。比如你要找工作，有的人想要进外企，那么在英语方面可能就要比较好，对国外的企业文化要有比较好的了解。不管是进外企还是国企，或者是其他的小企业，你对于你将来作为一个企业员工需要具备什么样的素质，都要有比较好的理解；你要发现自己的核心竞争力在哪里，我觉得这个很重要。

问：但现在有个说法就是，想找工作，工作简历上得有东西写，所以您能看到很多学生经常往外跑，做活动，在校外做一些兼职，但他们往往会牺牲掉很多学习时间。您怎么看待这样有点本末倒置的现象？

答：对于这种情况，我其实是比较反对的。我觉得这些事情要分开讲，如果你的家庭不是特别贫困需要这一份工作来帮助你生活下去，我觉得做到适可而止就可以了。你不能为了赚那么一点点钱，就牺牲了上课的时间，这是不合理的；另外，有些人参加那些活动，真是入了魔，只要有什么活动，他都会奔过去参加。我觉得这个也是很不好的，因为对于一个人的锻炼来讲，你在大学里参加这些活动，可能第一次能让你学到很多，而第二次只能够学到第一次的一半，这可能会呈现这样一个效用递减的曲线。参加第一次、第二次的时候可能会非常有收获，因为你要去跟不同的人打交道，你要学会怎样去跟陌生人沟通。如果是拉赞助，你要怎样在很短的一段时间之内把你的这个活动的目标和意义讲清楚，然后还要告诉他赞助这个活动的话能获得什么样的回报。这些都需要有一定的整理和表达技巧。但是，你会发现，其实越往后面，对你锻炼作用就越小了。大学的课程毕竟不是每周都排得满满的，所以在适当的时候，你觉得有必要去参加这样的活动时你再去。大部分时间我建议还是在课堂里学知识比较重要，因为不管你学什么，很多东西有的时候会比较专业。例如，旅游地理，你如果以后到规划院去工作，你不了解游客的行为规律，不了解一个旅游地的开发，需要分析它的容量，分析它的发展阶段，分析它可能产生的旅游影响的话，你是不可能成为一个好的旅游规划师的。所以说，你在课堂上学到的这些知识，对于以后出来从事相关专业的那些工作来说，比去外面跑活动的帮助要大很多。但是我们课堂上，不仅仅是传授知识，更重要的是对你思维的锻炼，在你学知识的同时，我们会告诉你为什么这个理论会有别的人从哪些方向进行了发展，你就会知道，当你碰到问题的时候，你需要从哪些方面分析才是合理的；同样的，旅游地理里的旅游开发会讲到我们在什么样的区位条件下需要采取什么样的开发方式。你学会了这种思维之后，当你到了一个企业可能是做财务的，要做咨询去评估一家企业，比如说我在做甲企业要收购乙企业，收购了之后我能获得多少回报，一些基本的分析思路其实是比较相像的。我们要做一些所谓 SWOT 分析、五力分析等等，各个方面的一些想法有相互借鉴的地方。所以我觉得，你在课堂上学到的知识可能会更多。所以，对于你刚才说到的那种情况，我个人是比较反对的，我觉得学生要有比较多的体验和经历，如果说学习是核心的话，这些都是处于外围的一个方面，核心的东西是实实在在的，而外围的东西可以扩大你的这个圆。所以，我觉得这两个方面都很好，但是中间这一块不能丢。丢了的话，你同样是一个圆，但却是一个空心的圆，那么这个圆的面积就不是一个最大的面积。

"大学相当于你在完全受保护的状态到一个完全真实的社会的过渡地带。"

问：在我们查找的资料里面，关于学生事务管理的定义，很多人把引导和管理社团活动的开展作为学生事务管理的一个重要内容和发展方向，甚至我们系里评奖学金，也是把社团活动作为加分的一个很重要的条目。你是怎么看待这种鼓励和引导的呢？

答：其实我们那时候评奖学金也是这样。我大一拿的是三等奖学金，大二拿的是二等，到大三才拿到一等。我的成绩是很好的，在班里都是排前一前二的那种，但是我们班人也比较少，才20个人。但是有很多同学参加活动很积极，这边加0.5分，那边加1分，那边加2分，然后加上去之后，考试成绩最后还要进行转换折算。可能你原始成绩比别人多四五十分，可算下来之后你只比别人多1分或2分，他们参加社团活动的马上就能超过你。我大一的时候就觉得，这种评奖学金的方式很不合理，既然是奖学金嘛，我觉得应该要以学为主。所以，我当时的想法是，如果找一种更加合理的方式，会觉得应该是加重我们学习成绩这一块的比重，减少社团这一块的比重。但是，也不能够把社团这一块取消掉。因为大学生活和高中生活必然有区别，大学相当于你在完全受保护的状态到一个完全真实的社会的过渡地带。这个半社会化的空间也好、群体也好，在这里你是需要这样一些活动的，而且不同的人有不同的兴趣，有不同的兴趣必然就有所谓中国古代讲的"党"，因此，有社团组织是很正常的一种现象；而且，大学要学生有多方面的发展。有些社团，我知道是那种兴趣性质的，如跆拳道、书画，像我们旅游这一块就有旅游协会。你一个人不可能一辈子只专注于学术这一块，尤其是大学生，我是建议要有比较多元化的发展，要有自己的兴趣，在有兴趣的情况下参加社团，跟一群志同道合的人一起来做一些事情也是很好的啊。所以，我觉得社团这一块是必须要的，但可以适当弱化它在奖学金评比里的比例。至于说弱到怎么样的程度，占多少比例，这个我就说不出来，因为没有专门做过这方面的思考。

问：因为老师读了很多年书，想问一下，从您读本科到现在已经差不多10年了，有没有觉得随着时代慢慢变化，学校的风气越来越变得浮躁，人更倾向于一些功利方面的东西？

答：这么说吧，我是读了两个学校的，所以我经常会拿我原来读的西北大学跟中山大学比。我在西北大学的时候，我感觉自己能够踏踏实实用心来读书，大学4年里我基本上每个晚上都在上自习，那个时候基本上没有任何外界对我产生的干扰。当然可能是因为我是读本科，没有导师来管我，所以可以专心做我喜欢的事情，读我喜欢的书。我感觉我周围有一些人还是能静下心来读书，但是有更多的人也是比较爱玩的那种。杨新军老师，就是我刚才说的教我旅游地理的老师，他是北京大学过来的，他说他到西北大学之后发现西北大学的学风还挺好的，学生学习还挺用心，对我们基本上表示肯定。西北大学在学术研究上比中山大学弱很多，尤其是地理学这一块，中山大学人文地理排在全国前列，到了这里之后，我感觉，我的视野开阔了很多，但是我们读研的，就要参加老师的项目，要分心去做一些其他方面的事情，所以就没有那么多时间来学习了。读博也同样是这样，要做一些项目，然后要做一些其他方面的杂事。所以，我自己跟我自己比的话，本科时我是能够非常专心地学习，能够静下心来看自己的书。到了研究生阶段，虽然我能够在学术上有更多的进步，但是在学习时间上就没有以前那么多了。

我进了中山大学以后，对比中山大学的本科生跟西北大学的本科生，我不知道其他学院，单从地理学那一块来说，发现很多本科生都能够参与到地理学院老师的项目中来。中山大学的本科生不像我们那时候就一门心思地读书，他们的视野可能比我们更开阔，他们在学科领域里面接触到的实践活动可能就比我们多，这个是他们好的一方面；但另一方面，虽然在西北大学，我们做的实践活动比较少，但是在学科基础这一块，西北大学的培养并不比中山大学差。当然这跟西北大学地理学的传统教育方式有关系，因为地理学以前五个最好的学校，就是北京大学、南京大学、中山大学、西北大学和兰州大学，所以，西北大学地理学的传统教育是非常好的。这个是我跟我们那个时候同学的对比。

然后是现在的学生，就是我教的这一批学生，和我们那个时候的学生的对比。我发现现在的学生思维非常活跃，中山大学地理学的学生上课提问都非常积极；对于我讲到的比较有意思的地方，他们也有比较强烈的求知欲；他们读书的兴趣也都挺广，读书的状态还是非常好的。虽然也会有个别学生没有用心学习，在学习上没有兴趣，所以就会有上课打瞌睡、逃课等现象，但要说他们浮躁，我觉得也说不上，没有让我感觉特别浮躁的地方。但是环境不一样，跟我读本科比，他们所能够接触到的事物更多，中山大学的环境也更好，所以他们可能平常有更多的活动。我觉得这个是差别，不能说哪个好哪个不好，也不能因为他们参加一些活动就说他们浮躁，至少我觉得我的学生里还是有很多非常用心的。

"没有哪个学生不好,每个人身上都有闪光的点。"

问:您个人会喜欢哪一类的学生?

答:说实话,我比较喜欢有悟性的学生。我不在乎你考试考多少分,但是我有一个习惯,就是讲完课之后希望学生能够提问,两个问题、三个问题或者更多最好,但每一堂课至少要提两个问题。有些学生发言会比较积极,就会主动举手来讲,有些时候就要我点名起来讲。这个时候不管是主动站起来的还是被点到起来的,都能够感觉到有些学生是有悟性的,从他提问的深度以及他对我讲的问题认识的程度来讲,他是比较用心来思考,能够有自己的想法的,对于那种学生我会比较喜欢。当然,课堂提问是一个方面,另外有的学生课后会给我发邮件,上课的时候不太好意思讲,因为不能排除有些人是不愿意当着很多人的面去讲自己的观点,但他下课之后会来跟我讨论一些问题。我觉得中山大学的学生很好的一点是,有很多学生都有自己的想法,而且这些想法都挺好的。当然,就刚才说的,层次会有一定的差别,但是有的也会走得比较靠前。比如我给08级上课的时候有个学生,他现在去了哥伦比亚大学,他就是比较有悟性的一个学生,记得那时我讲到自然正义的时候,他能够把他读到的那些书结合起来,跟我讨论社会正义的问题。我觉得这种就比较好。又比如我讲一个模型,这个模型在我们旅游地理里面是一个非常基础的模型,而且后面不断有人对它做了改进。但是因为时间的原因,上课时我只能把基础的部分讲比较长的时间,然后再去说哪些方面存在不足,可能可以做哪些方面的改进。有些学生脑袋比较灵活,能够跟我讨论在哪些方面做改进比较合适。我觉得这就是我比较喜欢的学生。

另外还有一些学生，可能学习成绩不怎么好，但是在为人这一块是非常热情的，能够非常主动地帮助其他同学，在同学中建立非常好的口碑；还有一些同学，鬼精鬼精的，上课活蹦乱跳的那种，有时候提问会比较有意思。比如说有时候我其实要他们提比较专业的问题，但是他上课有时候走神所以想不出来要提什么问题，就会说："那老师你下节课讲什么？"这也算一个问题。这种学生呢，从学术上来讲，我觉得都不是特别用心，但是我觉得都很可爱，所以在我看来，没有哪个学生不好，每个人身上都有闪光的点。我不仅给地理学院的同学上课，还给旅游学院的同学上课。那边的学生也是这样。有的并不是对这门课特别感兴趣，或者说对这个专业本身就不是特别感兴趣，上课都是坐在后排。比如有个学生上课的时候老是看会计学的书，他曾给我写了封很长的邮件：一方面，是说我讲得很好之类的。他对于旅游地理学这个课，刚开的时候没有任何感想，而且对旅游专业本身就没有任何兴趣，因为是必修课所以只是想着过来听听而已。虽然他对这个课不感兴趣，但是我所教的东西他觉得很有意思，我讲的东西他都很容易能够掌握，说非常感谢我；另一方面，他说他的兴趣是在会计这一块，他的目标是要到纽约大学，或者另一个在美国很有名的商学院，他说他要到那边去读会计，他现在一边上自己本专业的课一边在备考。他们要考 ACCA，总共要考十二门，考的全是英语的，他大二就已经通过六门了。管理学院的学生到大四能够拿到这个证就已经很不容易，所以他自学这一块做得很好。对于这样的学生，我也很佩服，会觉得很不错。所以说，不管你认不认真上我的课，也不管你上课上得怎么样，我觉得每一个学生都会有他可爱的地方，都会有闪光点。最重要的是要找到自己的一条路，明确自己到底要什么东西，然后去执著追求。

"其实就是一句话，要用心。"

问：我想了解一下，从学生到老师的角色转变，您在心态上、想法上是不是有很大的改变？

答：其实没有很大的改变。主要是跟老师的相处方面，就是像我导师跟我讲的，从学生到老师是角色的转变，也是独立性逐渐增强的过程。一方面，不管是地理学院还是旅游学院，那些老师都是我以前的老师，现在成了我的同事，这个是要转换过来的。很多时候你要有自己独立的科研项目，还要有自己独立的研究方向，这些都是要自己去处理的；另一方面，是教学方面。因为原来做学生的时候没有给别人上课的经验，和同门也没有很好的直接的交流，但是在我读博士之后，很多时候我们旅游中心的师弟师妹都会过来跟我聊他们的论文，或者如果对一些理论新的进展把握不住，都会来找我交流。博士生这3年的时间，我经常需要跟师弟师妹讲一些东西，所以我也很了解每个阶段的学生需要接受什么样的知识。在这个过程当中，我也逐渐地培养了一些讲课的经验，尤其是我到了博三下学期，就开始带08级的本科生，所以我开始和学生有接触。从我自己的转变过程来讲，不同于很多人从学生到老师的突变，我可能更多的是一种渐变：从博一就开始慢慢带师弟师妹，跟他们讲论文，到博三开始就跟保老师给学生上课，博士毕业第一年就自己独立带一门课，在我看来我的这样的经历是一个渐变的过程。但是我知道和我同时进来的一些其他老师的角色转变可能就会比较大。他们从外校进来，对于学校文化的适应首先需要一个过程。比如，我有个同事是中科院地理所的，他那个地方没有学生只有研究人员，所以他在怎样对待学生方面可能有一个心态培养的过程。所以对于他而言，这个角色的转变，或者说角色产生的断裂感可能比我要强得多。

问：老师，您从学生变成老师后，和那些行政类的老师之间的交往和以前相比有没有变多了？

答：还是不多。其实我们这一块是科研方面的行政人员和教学方面的行政人员来管我们的，什么时候上课比较合适，把时间定下来，然后询问我们要不要订教材，期末的时候把试卷交给他们，就是这样；科研方面也就是什么项目要申报，就发给我们，申请书什么的准备好交给他，也就是这样，没有更多的接触。但是因为我有很多旅游学院的同窗在旅游学院做行政人员、辅导员或者是管教学管科研，我跟他们反而有比较多的接触，但这种接触都是日常生活方面的接触。有时候会聊到一些学生管理方面的事情，但是跟你所说的那种接触是不一样的。他们很辛苦，我们也很辛苦，辛苦的方面是不一样的。我们可能更多的是科研的压力，发论文、拿项目这样的一些压力。他们管的事情很杂很琐碎，因为是管学生工作的，所以不时地就会有学生去找他。我觉得我那个同学就做得很好，他能够非常好地去理解学生的各种需求，也能够理解为什么这些学生要来找他，背后的原因是什么。有时候是学生自己的原因，因为不可否认有些学生的性格可能比较较真，比如说拿奖学金什么的，可能就差一点点没有评上，心里就会不平衡，他可能就要来查，或者举报其他人的那个分不应该拿等等，这些方面都会有。我的同学就能够很好地处理这些方面的关系，我觉得这个也是很不容易的。因为，一方面你要让那些闹的学生能够很服气地接受这样一个结果；另一方面，首先你要维持正义，其次你要在维持正义的同时摆平这些学生，或者说能够让这些学生的心态调整好，调整好的心态不仅对学生这一次事件是有帮助的，而且对学生以后到岗位上也是有帮助的。这是一些比较琐碎的事情。另外，有一些学生可能会想不开。比如说旅游学院之前有个学生，他可能比较封闭，读大学3年时间里离校出走两次，而且最后一次好像是实在读不下去，被带回去了。还有一次，有个学生在游泳课上淹死了，这种事情都是要他们去处理。所以我觉得他们做这些事情也都很不容易。要做好，其实就是一句话，要用心。其实不用你讲对学生有多好，学生都会看在眼里的，你只要能够做，尽你自己最大的努力用心去做，学生都是能够感受到的。我觉得这方面需要有非常细心的人来做这些事，所以也很不容易。

问：您现在作为一个老师是怎样去平衡老师和学生之间这种关系的？就是在教学上或者说生活中怎么去处理师生关系？

答：其实我觉得，首先从这种角色分工来讲，我们最重要的是要讲好课，要能够"传道授业解惑"，传道非常重要。我们如果调整顺序的话，先是授业，把你的知识教给他；第二步是传道，我们是要能够把这些知识背后的很多道教授给他们。而完成这些规定动作的部分主要是在课堂，课堂上做好了就完成了一大半，还有一小半呢，就是我刚才所说的这种讨论会，还有就是带着学生做项目，因为很多时候，像我们这种学科，如果你不做项目的话，旅游规划也好，城市规划也好，都是学到纸上的东西，你不到实践里去就根本感觉不到这种差异有多大。所以，带着他们实践也是非常重要的一块。这两个方面做好了，那你的本职工作也做好了。另外有个非常重要的方面，就是你刚才问到的生活的方面。因为有些学生可能听了你的课之后觉得你这个人比较亲近，然后他愿意跟你去谈更多的事情，他可能有什么想法或者生活上遇到什么困难，不会去找辅导员，因为他觉得他跟辅导员之间可能有距离。而因为你上课时让他们觉得你是一个大朋友或者说是一个可以聊一聊的老师，因此他有些话想跟你讲。这个时候，我觉得一个老师不管有多忙，不管科研的任务有多重，你必然是要非常用心地去回答学生这些问题的，来帮助他们解惑，这个当然有学术上也有生活上的疑惑。只要觉得能够帮到他们，我觉得不管是哪个老师，他肯定都会尽心尽力地去帮助学生，这个就是老师要做的。所以，经常会有学生发邮件给我，不管是学术上的还是生活上的，我都会回长长的邮件，因为我觉得我需要把自己对这个问题的理解全都讲出来。同时，我还需要考虑我跟他讲的这些会对他造成什么样的影响。所以，这些方面都是要处理好的。

一个学术共同体"以教授和学生为主体"，追求独立与自由的精神，"它自然而然就能够产生一种所谓的合力"。

问：刚才您也提到，旅游学院曾经有人淹死过，这是很悲痛的事情。在这种事件发生以后，学校采取的方式往往是进行掩盖，不让媒体报道，你怎么看待这样的事情呢？

答：其实我觉得没必要。因为不管是中国还是外国，好多学校都会有这种情况。这些报道可能让别人在短时间内对中山大学有比较负面的感想，但是我觉得在这个社会，大家都是能理解的。学生自寻短见，其实每个学校都是有指标的。比如说北京大学有五个指标，中山大学五个指标，等等。只要你今年学生事故没有超出这个指标，那都是可以接受的。有时候校方可能是怕媒体进行歪曲的报道，现在为什么学校、一些企业，甚至政府很怕媒体，那是因为它们掌握了公共话语权，它们掌握了表征别人思想的工具，这种对别人思想的表征有时候可能是歪曲的，而这种歪曲有时候会很可怕。如果说整个社会人心都是向善的，每个人都能够做到比较公平、比较客观地对待一些人、一些事——当然这种客观也只是相对的——能够比较客观地报道这些自杀事件或者其他类似的事情，我想大家都是能够以平常心来对待的。我觉得学校没有必要为了不让媒体去报道而给你什么好处，这本身并不是合理的。

问：有一些教授认为，一所大学最重要的应该是学生或者是教授。相反，一些行政类、管理类人员本来应该是一种服务的姿态,现在却是高高在上,甚至有一种不好的说法,他们已经凌驾在教授之上。您觉得在这样一种情况下更倾向于哪一种看法?您觉得一所大学,最重要的是什么呢?

答:肯定是要以教授和学生为主体。李延保书记当书记的时候讲得很明确,做行政的人就是服务教授的、服务教学的,就是服务老师和学生的。中山大学这一块做得比其他学校好很多,像其他学校,如果一个学校的人出去开会,很多时候是那些行政人是坐在前面,教授坐在后面。但是当时李延保书记和黄达人校长就明确规定,因为教授是我们的核心,行政人员是为教授、学生服务的,所以教授坐前面,行政人员坐后面。从座次就能够体现出这个学校对待行政的态度。地理学院有很多博士是从其他学校过来的,大家对中山大学行政这一块还是比较肯定的。不管怎样,因为中山大学这种文化建立起来了,我估计在比较长的一段时间内能够保持住,行政人员还是能够保持这种服务意识。但至于说好不好,是否能够做到使所有的人或者大部分人满意,就很难讲。相对来说,中山大学还是以教授和学生为主体的,且更为自由一点。可能有很多话在一些西北的学校或者是北方的学校,老师是没法讲,但是在中山大学就都可以讲。所以这种氛围还是挺好的,不管是理科的还是文科的,很多教授都会讲到陈寅恪,都会讲到他那句名言:独立之精神,自由之思想。我想如果中山大学有这么一大批的教授在追求这种氛围的话,它自然而然就能够产生一种合力、一种影响。黄达人校长说大学是一种学术共同体,这样一种共同体,它在一些自由和独立方面有着共同的理解,那我想这是可以推动整个校园文化的一种建设。

问:现在更多的是博士生和研究生在参与科研,您觉得怎样去发动更多的本科生参与这个学术共同体?

答:其实我不知道你们哲学系参与的多不多,我们地理学院和旅游学院的本科生参与项目还是挺多的。比如说地理学院，好多老师都会有读书会，带研究生的那些硕导博导都会有读书会，一周一次。因为实现了本科生导师制，本科生导师可能就会叫自己的学生过来一起参与读书会的讨论，到大四做毕业论文的时候也会让这些学生参与进来。不管是纵向课题还是横向课题，只要有机会能带本科生的都会带着做。我不知道这与你们所说"参与进来"是不是同一种意思。我想无非是两方面：一方面就是学知识，带着学生参加读书会；另一方面就是做实践，带着学生参加一些规划项目。我觉得还是会有的，比如说像你们，你们老师做"985"的课题，也能够带着你们一起做。但这个跟学生的规模有关系，比如说旅游学院，一届300多个本科生，肯定是带不过来的。我们地理学院，我们系还好，因为有20多个专任教师，资地班60多个学生，城规班40多个，还是能够兼顾到一半左右的学生。有些比较爱学习的基本上还是能够带得出，有些学生本身就志不在此嘛，让他学会最基本的东西，让他成为合格的毕业生，在知识这一块基本上就可以了。因为他们更多的关注在职业发展方向，所以也就没必要让他们参与进来。

问：您刚刚提到学生，不知道您怎么看待我们学校现在扩招的现象？

答：扩招，这个跟整个中国的扩招有关系，从提高整个国民的素质来讲，还是有比较大的帮助，因为受过大学教育与没有受过大学教育，还是有很大差别的。我们先不管扩招造成的大学生就业压力，就中国国民素质的方面来讲，我觉得还是有帮助的。而对于一些好的学校，在教学质量方面是否能够有所保障，我没有在这个方面有太多了解，也不太好说，但非常明显的是，如果只有20个学生，那么这些学生可以跟老师有更多的交流机会，也会有更多的接触。但是扩大到100个学生，上课只能上大课，好多课就上不起来了，所以教学质量方面还是会有一定的影响。但至于说教学质量下降多少，到底造成的这种负面影响有多大，那就不得而知，我也不是很清楚。

【采访后记】

我们在确定采访对象时，翁时秀老师是地理学院的同学极力推荐的一名富有激情、认真负责的老师。作为中山大学教师团队的新鲜血液，翁老师用自己的实际行动诠释了"用心"二字，他不仅耐心地帮助同学们解决在学业上或者生活上遇到的困难，而且带领着同学们投入学术研究，为构建一个更高层次的"学术共同体"贡献着自己的力量。

学工篇

兢兢业业，身正为范
——学生工作者风采大观

作为学生事务工作中极其重要的管理队伍，学生工作者既为学生的学习工作和业余活动掌舵，又为各院（系）的健康发展护航。因此，为使此次调研获得最为准确的数据和意见，编者针对学生事务工作中的重要议题，采访了近10位学生工作者。这些受访者中，有些已从事学生工作达30年，深谙学生工作之道；有些曾留学海外，彻悟国内外学生工作之优劣。十年树木，百年树人。他们兢兢业业做事，为学生工作和院（系）发展铺平道路；从从容容做人，为每一位学生倾注关爱，树立标杆。在这一篇章里，你会目睹学生工作者的工作过程，体会到学生工作者的思想沉淀。

郝登峰　学术和情感共同体视野下的学生事务管理模式

采访人：王　腾　李秀武
撰稿人：王　腾　李秀武

郝登峰

郝登峰，1967年10月出生，湖北省公安县人。1989年获华中师范大学理学学士学位，1995年获中山大学理学硕士学位，2003年获中山大学法学博士学位。2002年10月，进入中山大学地理科学与规划学院工作，任学院党委副书记。2003年12月，被评为副教授。2011年10月，任中山大学珠海校区党工委书记，同年12月被评为研究员。

【观点摘要】

"高校学生事务管理的目的在于促进学术共同体的养成。"
"一是学生工作越来越重要，二是学生工作没那么重要。"
"高校学生事务管理要助益于高校师生情感共同体的建立。"
"学术共同体的核心是学术，学术的基础是自由的精神，学术人保持社会的良知和开放自由的心态，不被社会世俗的东西所蒙蔽、所诱惑。"

"高校学生事务管理的目的在于促进学术共同体的养成。"

采访者问（以下简称"问"）：近代大学学生事务管理是怎么产生的？

受访人郝登峰书记答（以下简称"答"）：大学最开始没有职员。大学成立之初，教师带着家眷跟学生组成一个类似家庭的共同体。比如早期的牛津、剑桥等学校校园，就像一座四合院，少数教师带领学生一起学习、一起生活，主要探讨宗教教义问题。随着工业革命的展开和社会对人才培养需求的增长，学生数量也随之大量增加，由于教学之外的工作需要人群去做，那么最早的大学行政职员就是这么产生了。当时的大学职员主要有三项任务，一是保管学校的财产，并使校园资产保值、增值；二是对教学过程进行管理；三是对学生进行管理。有了学生事务管理的职员，才出现了学生事务管理这一职业。在我国高校，就是辅导员等老师在从事学生教育管理工作。

问：您觉得当前高校学生事务管理要达到什么目的？

答：学生事务与学术事务相对应。我认为高校学生事务管理，其首要目的在于服务学校学术事务，共同建立高校学术共同体。但这有一个前提，那就是高校的稳定。我前几年在英国几个大学访学，发现英国的大学几乎没有校门，也没有围墙，很开放。他们大学的楼与居民楼掺杂在一起，没有特别标注的大学用地，很难分辨哪里是大学，哪里是社会。有的学校慢慢发展成城市，在学校的基础上建立城市，在城市的基础上培养学校，有机融合为一体，不可分割。

中山大学珠海校区是国内少数几个没有围墙的校园，但是这几年由于各种因素也要建围墙。一是不围起来不像大学；二是附近居民占用中山大学地盘，土地被蚕食，我们守土有责；三是珠海市教育局出于安全稳定的考虑，发文要求我们建围墙。几千年的传统思维——守土有责——这是你的地盘应该守好。思维定势决定了取消不了围墙，学校与社会保持着一定距离，营造相对稳定、宁静、和谐的学术氛围，将社会上喧嚣、功利、世俗以及其他与学术不太合拍的氛围区分开来。所以，保障稳定，营造和谐，这就是学生事务管理要达到的一个目的，也是学校其他工作的一个重要前提。

从我的工作来说，我觉得当前我们学生事务管理要服从学术共同体的大前提，终极目标是促进学术共同体的发展。学术共同体的本质是使老师和学生提高学术水平。我们的学生工作的最终目的就在于促进学生学术水平的提高，间接作用于学校的教学工作，并且努力营造一个让师生心情舒畅的工作和学习环境，支持和帮助学生培养正确的学习态度、学习方法，提高学生的学习积极性，促进老师和同学的互动关系；以及对于个别在学习、生活和心理上出现困难的学生，开展心理辅导、就业指导咨询等工作。

"一是学生工作越来越重要，二是学生工作没那么重要。"

问：您在学生工作战线上工作了相当长的一段时间，一定对学生工作的重要性有一些体会吧？您能简单跟我们谈谈吗？

答：我从1995年开始从事学生工作，有17个年头，直到2011年10月才调离学院副书记岗位，到珠海校区任书记，但也没有完全离开学生工作。在这10多年的时间里，我对学生工作的体会有两点：一是学生工作越来越重要，二是学生工作没那么重要。为什么这么说呢？一方面，学生工作作为大学行政管理的一个重要组成部分，其重要性是不容忽视的。我们从事学生工作的老师，要本着对学生负责的态度，善待学生，关心学生，帮助学生，给学生提供一个安全、舒适和健康的学习、生活环境,促进学生的身心健康地成长,努力把学生培养成适应社会需要的人才。现在我要面对许多庞杂、琐碎但同时又是十分紧要的事情,如教师工作环境问题、教师住房问题、教师子弟上学问题、合同工与学校纠纷问题、一些教师落户珠海的问题等等。因此,从我们的实际工作出发,我们也希望学生千万不要出什么事。把学生工作搞好了,我们才能为学校管理工作提供一个稳定的后方环境,这样学校才能更好地去把其他工作做好。另一方面,之所以说学生工作没那么重要,是因为我们中山大学的学生一般能够比较理性、客观地看待问题,也能自觉地把学习和生活的关系处理好,一般不出什么事情,因此不需要专门去管理。总之,学生工作在我们心中重要,但也不是很重要,对这个问题要辩证看待。有些领导更多考虑的是学校的科研成果,因为科研才真正标志着学校的学术水平,有的更多考虑的是学校的校园环境稳定和谐和学生的健康成长。但是,当学生问题影响到学校的稳定和发展的时候,所有领导都会非常关注,这时学生工作就显得很重要。稳定是学生工作的第一前提,促进发展是学生工作的第一要务。

"高校学生事务管理要助益于高校师生情感共同体的建立。"

问:您觉得珠海校区与南校校本部的学生工作存在差异吗?您能不能跟我们谈谈珠海校区学生工作需要面对的问题?

答:其实南校区和珠海校区在学生工作上不存在十分明显的差异,中国国内各个大学在学生工作方面差异都不太大。珠海校区与南校区相比,主要还是在具体的工作上存在差异,这主要是由于异地办学这一特殊情况造成的。两个校区在学生工作上的差异主要表现为回迁的问题,许多院(系)是前两年在珠海,后两年在广州;而一些新兴的应用性院(系)、专业是本硕博几年都在珠海,一到回迁时,看到别人回迁南校,心里难免有点涟漪,心里骚动,希望能够回归南校。因此,我们就要做好学生情绪安抚工作。回迁的问题对我们的学生事务管理者,尤其是基层辅导员提出了新的工作要求,即我们要培养学生对中山大学和对珠海校区的认同感。珠海校区与南校区地域上的差异,使学生们潜意识里将南校区和珠海校区对立起来看待,很多学生觉得,不回南校本部不像是个中大学生,在珠海呆着4年不像地地道道的中大人。珠海校区虽然与其他几个校区相隔较远,但它也是中山大学的一部分。加州大学有许多分校,但是每个分校都自觉认识到自己是加州大学的学生。加州大学给我的启发是,增强中大人的认同感对当前珠海校区的学生工作显得尤为重要。现在我们对学生认同感培养方面重视得不够,主要是出于地理上的限制。例如,在广州三个校区的学生,经常有机会接触到名师和社会各界名流,在与他们交往的过程中,学生能感受到中山大学在学术上和社会上的地位,学生对中山大学的归属感和荣誉感自然就培养起来了,而这种机会在珠海是不多的。在广州和珠海两地长途奔波,对许多上了年纪的名师、教授的身体和精神,都是一个巨大的负担,社会名流、政界要人一般也不会长途奔波到珠海校区给学生开讲座,两相对比之下,珠海校区的学生,尤其是4年都在珠海校区的学生难以形成对中山大学的认同,老是想搬回南校区。一些老师觉得在珠海校区上课就像出差,旅途劳顿,一上完课就走,不愿意在珠海校区的课堂上多呆几分钟。可是在广州校区就不是这样。如果去珠海校区上课的老师们不能像在广州校区一样跟学生进行充分交流,容易把自己的教师形象割裂开来,也使得珠海校区与中山大学割裂开来,我们要努力防止这种割裂,毕竟珠海校区与广州校区是一个整体。

问:您认为应该如何培养和建立情感共同体呢?

答:一方面,从人员组成上来看,一个学校是由老师、学生和职员组成的;另一方面,在地域上来说,中山大学由四个校区组成,因此从客观上来说,以上人员和地域诸要素共同组成了我们的共同体。所谓中大认同感,从老师角度来看,主要是学术共同体。老师们要形成一种共识,去任何一个校区上课,都是在给中山大学的学生上课,都是一家人,对各个校区的学生都应该同等对待。学校要对各个校区同等待遇,如学术讲座、硬件建设、学生学习生活设施等。对学生来说,这种共同体主要表现为情感共同体,我们做学生工作,就是要引导学生认识到我们都是中大人,我们要更加有力地团结在一起。这就是我曾经说过的"三同":学校同等待遇校区、教师同等对待学生、学生认同中大校区。在情感共同体的建构上,学生事务管理者,尤其是基层的辅导员应该发挥更大的作用。总的来说,我们的学生事务管理需要服务学校学术科研建设,为师生营造良好的工作、学习氛围,增强师生对中山大学的认同感。关于学生事务管理,西方国家的学生事务走过了几个阶段,最开始是保姆式,管理吃住行,接下来是帮助学生解决学习生活等问题,但只是间接影响学业,而当前西方国家高校学生事务管理最重要的、第一紧迫的是帮助提高学校的学术水平和学生的学术能力,其他情感问题、就业问题都是次要的,不是第一要务。我认为,在高校中,学生工作也有主要和次要之分,情感问题、就业问题、心理问题很多是由学习引发出来的,学习是因,其他是果,学业是上游,情感、心理、就业等问题是下游。这也是我们贯彻执行许宁生校长大力提倡全校师生"一心向学"的具体体现。既然学业是最主要的,辅导员应该最先考虑的是重视学生的学习,有先后、有上下游的区别,学业搞好了,其他问题也就顺其自然容易搞好了。

"学术共同体的核心是学术,学术的基础是自由的精神,学术人保持社会的良知和开放自由的心态,不被社会世俗的东西所蒙蔽、所诱惑。"

问：陈寅恪先生认为，大学应该具有"独立之思想、自由之精神"。我们中山大学也是一向奉行陈寅恪先生这个理念。您能跟我们谈谈您对陈寅恪先生这句话的理解吗？

答：学术上的圣人很难，陈寅恪先生基本上是学术上的圣人。陈寅恪先生教学主张"两不讲"：一是别人讲过的不讲，二是自己曾经讲过的不讲。陈先生对大学，尤其是对大学学术共同体的理解，是一个理想的状态，也是我们一直努力想达到的状态。从学生工作的角度出发，我认为，学术共同体的核心是学术，学术的基础是自由的精神，学术人应保持社会的良知和开放自由的心态，不被社会世俗的东西所蒙蔽、所诱惑。我们学生工作就是要为学生营造一个独立和自由的学术环境。虽然目前完全独立和自由的状态还不能完全做到，但是也正因为如此，陈寅恪先生自由和独立的学术共同体理想，才像灯塔一样，在前方远远指引我们前进。

【采访后记】

郝书记不仅是一位长期奋斗在学生工作第一线的领导，还是一名专业的学者，对高校学生事务管理尤其是职业规划与就业指导方面具有独特而深入的研究，其提出的"五业一体"论是国内高校学生事务管理领域的一个创举。在采访过程中，郝书记结合珠海校区学生工作方面实际遇到的问题，以通俗易懂的语言向我们介绍了高校学生事务管理的起源、目标和定位，并对黄达人老校长"学术共同体"理论进一步阐发，提出"高校学生事务管理就是要建立学术和情感的共同体"的主张。

莫华　一切学生工作都应以学生的发展为目标

采访人：林东明　李秀武
撰稿人：林东明

莫华，1973年生，广西桂林人。1995年7月在中山大学法政学院政治学系获得法学学士学位，之后留在法政学院从事学生教育管理工作，并于2002年7月在中山大学法学院经济法学方向获得法学硕士学位。现任中山大学研究生院研究生工作部部长（研究生管理处处长）。

莫　华

【观点摘要】
"一切学生工作都应以学生的发展为目标。"
"我们想要告诉年轻的一代：付出和索取同样重要！"
"尊重学生，给学生营造一个平等、民主、宽容、包容的氛围。"

"一切学生工作都应以学生的发展为目标。"

采访人问（以下简称"问"）："一切学生工作都应以学生的发展为目标"，您对它的理解是怎样的，您觉得应该具体从哪些方面入手？您觉得这么一个目标要如何实现？

受访人莫华老师答（以下简称"答"）：我记得在早几年，历史系的学生也对我做了一个采访，是关于学生工作的口述史的。我跟他谈了很长时间，是一个比较详细的采访，今天我就再讲讲。我做学生工作的时间确实比较长，1995年到现在，已经16年了。所以，我也有幸看到中山大学学生工作10多年的发展和变化。

我有一个很直观的感受，觉得从学生工作的角度来讲，现在的学生人数大大增加了，学生工作事务的内容也有了很大扩展。学生工作的对象增加了，工作内容、工作难度增加了，这是学生工作的一个大的背景。此外，社会对高校的要求也更高了。比如说就业，我刚开始做学生工作时，基本没有就业难的问题。为什么呢？那时候的毕业生少，单位经常打电话来追着要毕业生。而现在，是我们去追着人家问："你们今年招不招人啊？什么程序啊？有几个名额啊？"所以，现在的学生工作跟过去有很大的变化，社会需求的变化导致了我们这种工作的变化。实际上，学生工作面临很多挑战，特别是社会急剧变化之后，社会对整个学校的影响和挤压特别大，刚才提及的就业问题是一个典型例子。还有一个，如现在的社会高速发展，便会有很多社会问题投射到学校来，比如说贫富分化。我们现在面临的困扰是：有些学生的家庭确实很贫困，学生在这里不能安心地学习，而且，来自社会的诱惑和影响也是特别多。再比如说，网络的出现，也使得整个学校和社会的联络更加密切，学校受社会的影响也是特别大。所有这些都是外部大环境的变化，使得整个学生工作发生很大变化。

但在我看来，学生工作的目标是没有发生变化的。首先，我始终认为，我们的目标，就是一个核心的目标：学生的发展。一切学生工作都是以学生的发展为目标。其次，学生工作的职能或者功能、使命也是没有变化的，还是两个基本的职能，一个维护学校的稳定，一个就是促进学生的发展。一个目标或者称之为中心，就是以学生为中心；两块职能，一个是发展，一个是稳定。

"一二三四五六。"

问：从您的角度来看，学校主要是想把学生朝哪个方向培养和发展呢？学校是想培育出怎样的一批人才呢？

答：这个方向就是根据大学的目标来确定的。黄达人老校长就提出学生要有七项特质，"知礼、诚信、勤奋、阳光、敢于超越、勇于担当，并具有职业准备"，他认为这就是学生应该具备的基本素质，我们就根据当时学校的要求来推进学生工作。所以在我看来，这个方向是会变化的，因此，学生工作本身的内涵是会变化的。但它的本质是不变的，我认为都是以学生为中心，学生始终是学生工作的中心。不是教师，也不是其他人，就是以学生为中心，或者说以学生培养为中心。

学生工作的两个职能就是学生的发展和学校的稳定，以促进学生的培养。我原来用"一二三四五六"来概括我们的学生工作。

"一"，就是一个以学生为中心。

"二"，是学生工作的两个价值：学生发展和学校稳定。

"三"，就是用三种手段做好学生工作，就是教育、管理、服务。

"四"，就是四个部门，党团组织部门、学生管理部门、就业指导部门和心理咨询部门来共同推进学生工作。

"五",就是五大支持体系:专业教师群体、相关行政系统、后勤系统、亲友群体、社会组织,必须有这五个系统才能够共同做好学生工作。教师群体对于学生工作非常重要,你必须要跟专业教师来共同完成学生工作,教师要进来做学生工作,共同帮助学生专心地学习;行政系统、后勤系统也非常重要,如各种学校管理部门及饭堂、住宿、校园环境等后勤部门;第四个就是学生的亲友系统,家属、朋友,我们说的"同伴互助"就是指不可能脱离家庭来谈学生的发展,很多问题我们还是必须要跟家属进行商量,很多学生问题实际上就是家庭问题,我们越来越意识到这个问题,所以我们现在慢慢地加强跟家长的联系、跟亲友的联系;第五个系统就是社会系统,比如说校友,比如说捐赠奖助金的企业,比如说实践基地,比如说政府,这些都是我们要寻求的资源。你必须要在这五个系统基础上才能完成工作的推进。

"六",就是做好学生工作必须要有六个学科知识,才能够做得好。首先你要有教育学、心理学的知识,要懂得一些管理学、法学、社会学还有经济学。至少要有六个门类学科的知识,你才有可能做好学生工作。不管是教育、管理、服务,你都需要这些学科的知识。

所以,做一个学生工作者其实并不容易。所以,以我个人的体会,用我自己的话概括,做好学生工作必须坚持"一二三四五六"。

问:你们经常要进行专业知识培训么?

答:经常有这样的培训。比如说心理学,这就不用讲了,太多了!教育学也经常讲,法学我们经常也会讲。例如,我2012年就已经去好几个地方做了专题发言——关于学生工作中的法律问题,我在上海跟上海的辅导员专门就这个专题讲了三个小时,而在教育部召开的"德育创新论坛"上也设有专门以"高校学生管理中的法律问题"为主题的论坛。学校现在很重视学生教育工作中的法律问题,今天早上我还叫助理把所有学生起诉高校的案例全部从网上找来,他们也找了几十个案例。我们必须要知道:高校为什么会成为被告?为什么会败诉?纠纷在哪里?问题在哪里?如果你没有法学知识,就很难明白。管理学知识就更加不用说了,因为辅导员要做学生管理:学生团体的管理、班级的管理、年级的管理、学院的管理,都需要管理学的知识。其实真的是需要很多培训来支持一个学生工作者去完成他的工作。

问:现在学生起诉高校,主要是集中在哪些方面呢?

答:各方面都有,比如是否授予学位的争议、学业评价的争议,还有奖惩这一块。再比如生活管理,像"宿舍管理员收缴违规电器"、"未经同意进入宿舍"这些行为是否合法;再比如有学生在宿舍丢东西了,物业管理方要不要赔?什么情况下赔?再比如学生伤害事故:我在学校里面走,一棵大树被台风刮倒把头给砸了,学校有没有责任?曾经有学生在踢球时把脚给踢坏了,然后家长找来说:"你们的场地不符合规范,学校要赔!"这样的事情都会有。还有"学生自杀,学校要不要承担责任"等问题,都涉及法律。如果我们理不清法律的问题,就不知道我们的权利和义务边界在哪里。所以,法律的知识很重要。

问:您刚才讲,现在的学生也会给老师很大压力,能展开谈谈么?

答:因为现在的学生很优秀,中山大学的学生更是如此,所以你要对得起这帮优秀的孩子。他们这么优秀,你不能让他们变得平庸,所以你要提供很好的教育、管理、服务给他们,这是我们作为中山大学的学生管理者应该做到的。尤其是近些年来我们学校招生的分数不断抬升,因此学校和学生对我们的要求蛮高的,但同时也是出自于我们教师本身的职业道德要求。另外一个方面,优秀的学生自然会对老师也提出很多高的要求：你们的管理要合法合理，你们的教育理念要先进，你提供给他的服务要周到，你一定要让他们有更好的发展机会和就业，等等。这都是学生希望来中山大学能够得到的。我们能不能给他们呢？我们能给他们什么呢？跟其他高校比，我们有什么优势与不足呢？这都是学生给我们的压力。

问：您刚才讲到另外一个主题——学校稳定，我们想了解一下，当出现像您刚才讲的那些问题时，中山大学对这些突发状况的处理，是持什么态度？换句话说，校方怎样对待和处理突发事件？另外，在对外公开信息这一些方面，学校是怎么做的？

答：我们学生工作者经常面临的很大的问题就是——如何做好稳定？没有稳定，学校就没有发展。我们最近在研究"申诉仲裁制度"。为什么要做这个事情呢？我们对境外大概二三十所高校做了调研，也在国内所有"985"院校，将近50所，全部做了调研，就是想研究一个核心的问题。现在学校的研究生与导师或与学校之间会有一些纠纷。这些纠纷源自一个不稳定因素。学生对学校不满、对老师不满，或者老师对学生不满，这样的情况怎么处理？怎么样使它变和谐？那就要建立一些机制，建立一些制度，建立一些处理的方法、途径，这些就是我们在做的一个事情。同时，作为一个学生工作者，必须敏锐地意识到可能发生的问题，尽可能提供前置性的几个方案来疏导可能出现的矛盾，这些都要预测。

"我们想要告诉年轻的一代：付出和索取同样重要！"

问：您刚才提到的都是关于法律或者制度方面的建设问题，那么，在德育方面呢？

答：学校最近在推行的"尊师爱校、班级凝聚及文明修身三项工程"就是一个例子。比如"班级凝聚力工程",在我们这么一个大学校里面,我们一个人经常会有无助感,那么我们就需要有一个集体来容纳这些孤单的个体,来包容他、鼓励他、帮助他。而提升班级凝聚力工程就是做这件事的。又比如说"尊师爱校工程",我们经常说要尊重学生、关心学生,以学生为本,同时,我们也要告诉现在这一代——90 后的孩子——接受别人关爱的同时要懂得关爱他人。现在 90 后的孩子大多是独生子女,接受别人的帮助和关心是很自然的,反过来我们就要问他们:"你们为这个学校和老师做了些什么?"我们想要告诉年轻的一代:付出和索取同样重要!所以"尊师爱校"这一块也是我们不断提倡的,因为我们的学生不能老是只会批评社会这里不好、那里不好,要学会反过来想想"我为这个社会做了些什么"。我们不能只会发牢骚!除了批评性意见,你能否给出什么建设性意见呢?这也是我们一直在做的,当然我们现在也不断地开展实践教育,让我们的学生多走进社会,去接触社会现实和基层的问题。研究生这一块就一直在做公益学习项目,希望他们在公益实践当中不断地提升自己的素养、自己的专业水平,同时帮助别人。

我希望我们的学生第一要学会关注这个社会,知道这个社会发生着什么事情;第二要学会思考;第三要懂得行动。我们经常会提供项目支持和经费支持,希望学生去发现一些问题,然后尽可能地解决问题。

问:您觉得在您这么多年的工作经历中,遇到过的最大的困难是什么?

答:学生太多,老师太少。以我们研究生管理处为例,只有 5 个老师工作,但是全校包括硕士和博士在内的研究生一共有 21000 人!研管处在 10 年前也是这么多个老师,10 年间学生人数在不断增加,但是管理处的老师人数并没有变化。在学生人数不断增加的情况下,我们能够投入管理当中的老师人数没有增加，这对我们部门提升工作质量和提升服务水平提出了很大的挑战。要改善这个情况，我希望学校能够出台相关的政策来适当增加我们的人手，同时，尽可能提升这个队伍的待遇，以留住最优秀的人才。以前做辅导员也好，现在做研工部的负责人也好，我始终觉得，不同的人带出来的学生风格是不一样的。你会觉得某个年级的同学跟他们的辅导员的个人风格很相像，我看过很多辅导员和他们所带的班级，都有这种感觉。有些班比较活跃，有些班就比较文静；有些班比较秩序井然，有些班就比较散漫；有些班很和谐，有些班就经常出事。这和辅导员的素质很有关系，他们是跟学生最密切的人，因为他们整天和学生打交道。因此，我觉得这群人的素质，应该要很优秀才可以。此外，待遇要相对提升一点，不然很多优秀的人才都不愿意做这个事情。例如，我们要看看有多少"985"院校毕业的学生能到学生工作队伍中来。如果老师本身不够优秀的话，怎么让这群优秀的学生信服呢？这是一个问题。当然，我刚才说的是很理想化的状态，如果做不到，那至少也是要一群层次高一些的人才，这样对学生会好一些。所以，我觉得最重要的就是提升整个队伍的素质，不仅仅是提升数量，素质才是最重要的。

问：老师您觉得"2+2项目"（保留学生学籍并做2年辅导员工作，之后继续读研）怎么样？

答："2+2项目"的好处在于它是用我们中山大学自己的同学来做辅导员，来带我们自己的学生，这样的话，我们的队伍素质就会很好。但是只能带2年，尤其是有一些同学到了第二年就没有心思再继续好好地带下去了。此外，你知道本科阶段是4年，你现在只能带2年，就意味半路就要把学生放手给别人带了，这样很有可能和后面来接班的人无法很好地衔接。另外，他可能没有把整个心思完全放在这上面，因为他想到2年之后还要读研或者是找工作，当辅导员的这2年只不过是他人生中一个不确定的过程。如果他们并没有把这个作为一个长远的发展目标,就可能不会对这个工作很投入。还有就是,要这些还未读研的人,去给研究生、博士生做思想工作,恐怕比较难。

"尊重学生,给学生营造一个平等、民主、宽容、包容的氛围。"

问:您能谈谈我们中山大学的学生工作做得比较出色的地方吗?

答:首先,我觉得,整个中山大学对学生是很好的——善待学生。在这一块,我们应该是属于做得最好的。很多学校在对待学生这一方面的理念是比不上我们的。不光是有一个善待学生的理念,在很多具体的措施上,我们也有很好地去对待学生的。其次,我们有一种很好的学生工作传统:尊重学生,给学生营造一个平等、民主、宽容、包容的氛围。这样一个学生工作的气氛,我觉得是非常好的——很注重学生的权利和相关的话语权。在具体措施上,我们有很多精品活动,让学生去进行素质拓展。我们也有很好的制度,让我们的学生在制度内生活。我们还有很多很好的资源投入学生工作中去。我们捐赠奖学金的总额,其排名在全国都是可以算得上前面几名的。当然,中山大学学生工作的领导也非常有经验,在学生工作方面非常有影响力。我觉得这些都是我们中山大学学生工作做得很好的地方。

专业化、职业化,应该是我们未来发展的趋势吧!让这个队伍相对稳定下来,让这个队伍里的成员意识到"我是这个队伍里的职业人,而不是过渡人",并把它当成一份事业来做!如果我们能够提供让这些人在这条道路上不断奋斗和前进的动力,就可以让他们沉下心来好好地总结规律、研究问题,把职业做成事业,这对学生和学校来说都是有好处的。这是从队伍建设方面来说的,让这批人能够安心地工作,跟随学校和学生一起很好地发展下去。最后就是我们要尽可能地走出去,去推广中山大学学生工作的品牌,让我们的理念在全国产生影响。换句话说,要做一些尖端的东西和精品的东西出来。

【采访后记】

正如莫华处长所说的那样,在学生人数不断增加而导致的学生事务不断增多、学生与学校以及社会对学生工作的要求不断提升的现实环境下,仅靠少数老师的力量是远远不够的。短短半个多小时的采访,莫处长的手机响了好多次,对话的只言片语亦足以让我们侧面地了解到真的是有太多的事情需要他去处理,人手不足是一个很严重的问题。此外,整个管理队伍的素质也需要不断地提高,才能为学生和学校提供更优质的服务。整个采访过程,感动我们的,除了莫处长系统而又详尽的学生工作理论,更多的是他在这16年学生工作中投入的热情与心血。

李善如　引导学生脚踏实地，培养专业思维和综合分析能力

采访人：李秀武　林东明　王　腾
撰稿人：李秀武　林东明

李善如，生于1954年4月，广东梅州人。1973年进入中山大学历史系就读，毕业后留校工作。曾任历史系助教，人类学系辅导员、团总支书记、党总支副书记和书记；2008年调入中山大学哲学系任党总支书记职务。

【观点摘要】

"培养学生学习兴趣，帮助学生更好地学习。"

"要跟学生建立朋友关系。"

李善如

"培养学生学习兴趣,帮助学生更好地学习。"

采访人问(以下简称"问"):李书记,您在人类学系和哲学系从事学生工作将近40年,那您可以谈一下什么是学生工作吗?能否举一个工作中的例子介绍一下学生工作?

受访人李善如书记答(以下简称"答"):我之前一直在人类学系工作,2009年年初来到哲学系。在接手哲学系的工作时,首先遇到的就是学生想要转专业的事。学生想要转专业的问题,在人类学系也是长期存在的。一部分原因是同学们对基础学科不了解,有排斥心理,又觉得经管类和法律类的专业更容易找到工作,因此,一部分学生在大学第一年要求转专业。但是一方面,转专业的名额毕竟是有限制的,学生达不到条件当然就不能转;另一方面,从院系的角度来说,对于那些学习苗子,我们也不希望他们转出去。但是这样一来同学们就有意见,就会到系里来投诉、来闹。后来我们干脆放开限制,公正透明:只要同学们想转专业,我们都先单方面批准,至于转不转得成,是同学们自己能力的问题。有的同学大一没转成,后来安心留在原专业,也做出了不错的成绩。当今社会风气浮躁,人人都说经管、法学等专业好就业、可以赚大钱,这种急功近利的心态一定程度上人为地炒高了这些热门专业的录取分数。而相对地,文史哲这些基础学科往往被人忽视,这是一个不好的现象。其实专业没有好坏,而是人为炒作的结果。而像我工作过的人类学系和哲学系,通常被认为就业差、收入低,大多数同学是被调剂过来的,或者是为了上中大而选择这些专业,并不一定是真心喜欢它。大学4年,第一年懵懵懂懂没有学到什么;第二年又因为不喜欢而没有学好;第三年和第四年在不同专业间变动,以及在读研和找工作的选择间游移不定。大学一晃就过去了,结果什么也没有学到,白白荒废了4年的青春。其实专业没有好坏之分,关键是看有没有学习积极性。我们行政系统的老师,要做的就是为同学们创造一个好的学习、生活环境,支持和帮助学生培养学习的积极性。我们的工作,首先就定位在培养学生学习兴趣,帮助学生更好地学习。

"要跟学生建立朋友关系。"

问:您能谈谈学生工作应该如何服务于学生的专业学习吗?

答:关键在于定位。我们学生工作系统的定位是服务学生学习,而学生也应该找准自己的定位。作为一个学生,首先就要把自己现在的这个专业学好,专业知识就是核心竞争力。对于基础学科而言,相当大的一部分同学,以后不一定会从事与本专业相关的活动,但是我相信这几年的学习生涯一定会给同学们的思维方式造成深远而有意义的影响。中山大学校党委郑德涛书记说过,他手下4个党委副书记,3个是从哲学系出来的。他们能取得今天的成就,很大一部分原因是因为哲学给了他们很大的思想熏陶和启发。哲学作为一门基础学科,虽然不像法学或者经管类专业能够在较短时间内带来看得到的财富收入,但是哲学思维方式作为一笔看不见的巨大精神财富,在人一生的学习和工作、生活之中发挥着巨大的甚至是不可估量的积极作用。事实上,专业并不能完全决定人的前途和命运,关键在于你在这个专业中学到了什么。以哲学系本科课程设置为例,第一年基础课,第二年专业基础课,第三年才真正接触专业课。大学时光很快就过去,在大学短短几年时间里,不可能完全把专业的知识学到手。因此,我们学生工作的一个重要任务就是要尽量引导学生学习和充实自己:除了学好专业知识,还要学习怎么做人,以及学习分析事物的方法。

我之前给学生写推荐信的时候,首要关注的都是学生的专业知识能力和综合分析能力。在大学这几年，如果学习和综合分析的能力没有养成，晃荡晃荡几年就过去了，那就是不合格的。几年前我在人类学系工作的时候，一个大四的同学跟我说，快毕业了，他想了很久都没想明白他能做什么。人类学专业性强，做别的总让人觉得有点不务正业，所以专业的差异对以后肯定是有影响的，但是相对来说，综合素质是一个人取得成就的主要因素。专业知识是核心能力，哲学系体现得尤其明显。哲学本来就是来于生活，回到生活，我用我的专业知识来回馈生活、分析生活，这才是哲学的作用，也是我们学生工作要引导学生去做好的地方。

所谓天才不仅要天分，而且要努力。不管你对现在的专业感不感兴趣，首先要把自己的专业学好。"既来之，则安之。"要对得起你的父母、亲朋好友，也要对得起自己这几年青春。

我当学生的时候思考应该获得什么帮助；当我做辅导员的时候，我想我该给学生提供什么样的帮助，又思考主管我的领导在工作上应该给我什么支持、环境；到我当副书记的时候，我管辅导员，我想我该给辅导员什么权力。其实大家都有这种体会，我们在一个位置上想想我们怎么把本职工作做好，又要换位思考在别人的岗位上应该怎么做。

说到底，做学生工作的老师就要跟学生建立朋友关系。老师和学生都在一个单位里，大家建立了朋友关系，知道对方在想什么，老师也能知道学生需要什么，这样才能共同把学生工作做好。跟学生交朋友，我们才能更好地帮助学生，虽然不一定能帮上忙，但是要尽量去做好。

我认为大学生在学好自己专业知识的同时，还要主动跟人沟通，锻炼人际交往能力，适应社会的需求，这样，对自己的成长帮助会更大一点，才真的是学有所成。在大学中有很多机会，有各种社团可以去参加，可以在学生会工作或者在班级当班干部，等等。总之，有许多机会去给你锻炼能力。但是要注意的是，当班干部不是说要去炫耀自己，而是尽起服务的职责，领导别人、组织别人共同把事情做好。不仅是出点子，而是要共同去完成。理论和实践要结合，人要实在一点。人有自己的长处，也有自己的不足，因此人需要互相帮助，做学生工作就是需要联系、团结不同的人去把事情做好。同时，作为学生，脚踏实地，立足本专业，多渠道地充实自己。虽然以后不一定做专业对口的工作，但是专业给你提供的思维习惯对你以后的工作、生活都助益颇多。

【采访后记】

李善如书记待人热情诚恳，一点也没有想象中的"官架子"，访谈在一个轻松的环境中展开。李善如书记待人热情诚恳，博闻强识，侃侃而谈，很快就把我们之前的紧张心情打消了。当我们几位本科生以一种小辈的姿态来倾听这么一位和善可亲的长辈的教诲时，我们真的获益良多，并被其勤勤恳恳的工作态度和宽慈待人的为人作风深深地影响了。

罗镇忠　三十载时代变迁　三十载桃李芬芳

采访人：王月娇
撰稿人：王月娇

罗镇忠，自 1983 年起从事党务工作，至今已有近 30 年。历任地球与环境学院团委书记、化学与化学工程学院党委副书记、校机关党委书记兼校党委组织部副部长，现任法学院党委书记。

【观点摘要】

"现代教育可以说是发生了一个从'社会本位'到'学生本位'的变化，过去引导性更强，现在服务性更强。"

"我很赞赏杜威的一个理论：'学校要创设优化的社会生活'。"

罗镇忠

"每个时代的学生都有每个时代的特色。"

采访人问（以下简称"问"）：老师，您好！我们想了解一下，您是从什么时候开始做学生工作的？根据您这么多年的工作经历，您认为什么是学生工作？

受访人罗镇忠老师答（以下简称"答"）：我是中山大学79级的学生，在1983年毕业后就开始做学生工作，快30年了吧！我认为学生工作有广义和狭义之分。首先，从广义上来讲，大学里所有与学生有关的工作都是学生工作，包括教学、后勤、机关等与学生直接相关的工作，当然也包括辅导员的工作；从狭义上来说，一般是指学生的党团建设、日常管理和思想政治教育等工作。

问：我们知道，您参加工作的这30年正好是中国社会发生巨变的30年，因此，我们想请您谈谈这30年来学生思想和精神面貌的变化。

答：这个倒是很难统一概括的，因为每个时代的学生都有不同的特色。例如，改革开放初期，刚恢复高考，在打倒"四人帮"后，学生因为以前没有机会好好学习，所以特别珍惜学习的机会。他们学习自觉性很高，学习目标也很明确，在学生当中就流行"学好数理化，走遍天下全不怕"，因为他们相信只要在大学里把学习弄好，将来到社会上就能发挥更大、更好的作用。另外，那个时候，考试作弊的人很少！去图书馆学习要排很长的队，就连去课室上课也要占位！当然了，这与当时学习场地小有关，虽然那时候学生也少。总之，当时的学生学习风气浓，对政治有热情，也会经常讨论政治问题。

后来，随着社会的发展，学生就发生了一些变化。例如，现在的学生很讲求实惠，导致有些人的理想淡化了，甚至正如有的人说的那样——缺乏理想。但从另一个角度来看，我觉得现在学生的法制意识在增强，自主意识在增强，而且从总体而言，现在的学生整体看来比过去的学生要强。以前国家给学生安排工作单位，现在就需要学生自己找单位，因此，学生面临的失败和挫折要比过去多很多，那么他们的耐受力就比较强。他们敢于尝试新的事物，也不会那么盲目地服从他人。以前的学生服从意识强，而现在的学生更多依靠自己的判断，因为现在的学生的知识面更广，接受的新事物更多。所以说，每个时代的学生都有每个时代的特色。当然啦，肯定是现在的学生更加能适应现代社会，不过以前的一些优良风气也是值得借鉴和学习的。

"从'社会本位'到'学生本位'。"

问：在老师这么多年的工作经历中，您觉得学生工作目前面临的最大难题是什么？

答：最大难题可能就是，因学生的自主意识在不断增强而带来的挑战吧。现代社会日趋多元化，学生接受的新事物比过去多，早已不是"你说什么，学生就接受什么"了。虽然学生的自主意识在不断增强，但毕竟还是从小在书斋中长大，与真实社会接触的机会相对较少。尽管也有所谓的实践活动，但是接触到的社会本质还是太少，这就造成他们对事物的理解多少会出现偏差，有时候我们很难把握他们的思想。

从教育者这方面来说，其实也有一个大的难题，就是"如何适应现代教育"的问题。我们的教育要跟得上时代的步伐，过去的那一套很多不适应现代发展了，再加上青年学生心理脆弱，导致我们的工作难度更大了。我们现在更强调对学生的服务工作，考虑学生的需要。过去更多的是考虑党、国家的需要，"教育"的味道比较浓，现代教育可以说是发生了一个从"社会本位"到"学生本位"的变化。过去引导性更强，现在服务性更强。

问：学校是如何处理一些突发事件，如学生自杀等情况？会不会采取息事宁人的做法来掩盖事实真相？

答：据我所知，学校在这方面并没有刻意地息事宁人、掩盖真相。恰恰相反，学校更加苦恼学生不理解事实真相。就比如说你刚才提到的自杀事件，有些学生的自杀行为本身与学校关系不大，是很多其他偶发因素造成的，但是往往也会要求学校承担责任。我相信，学校无意掩盖真相，因为学校都是尽可能希望更多地关心学生的。

"创设优化的社会生活。"

问：您认为目前我们学校的学生工作的缺陷和不足有哪些？

答：我们的工作与学生的真实需求有一定差距：普通学生能够感受到的关怀并不多；很多学生和家长反映见不到老师，或者与老师的交流太少了。但是事实上，我们的辅导员已经相当辛苦了。我很赞赏杜威的一个理论："学校要创设优化的社会生活"，就是不把学生与社会隔开。就这点而言，我们与香港地区或者国外相比，还要继续加强。那里的学生的自觉性普遍很高，而我们一些学生则目标不明确，这是因为他们没有认识到自己在学校的努力与他们到社会上发展的好坏有很大关系。我们的学生可能之前在幼儿园、小学、中学太累了，反而在大学迷失了。还有一点就是现在的学生受媒体影响太大，这个问题在国外也存在。比如一些生活现象，学生在有相应的生活经历之前，就已经从媒体中接触到了，而且还会被媒体舆论所影响。这可能导致我们学生的认识和真实情况产生偏差，一些正确的东西反而被他们认为是"空"的，因为他们对真实的社会生活没有参与、没有经验，进而对学校的教育产生抵触和厌恶。还有就是现在社会的负面消息太多，学生不知道如何把握这些信息，这些都会影响教育的质量。

【采访后记】

罗镇忠老师是一位从事学生工作近 30 载的教师。他给我们留下的印象是亲切、开明和谦虚的。罗老师曾经在基层做了很多年辅导员，有着丰富的学生工作经验，现在他更加关心的是学生教育如何为学生的需求服务，他提出，学校可以为学生提供一种"优化的社会生活"，让学生更能把握住自己，更有自觉性。

曹新 培养具有全球视野、道德智慧、专业技能、民族文化根基和国际竞争力的优秀学生

采访人：李秀武　王　腾
撰稿人：林东明

曹新，曾在英国高校做访问学者，对高校学生事务管理有着独到的见解。现任中山大学外国语学院党委副书记。

曹　新

【观点摘要】

"主动地去接触、引导、告知和组织学生。"

"高等教育大众化基础上的精英教育。"

"培养具有全球视野、道德智慧、专业技能、民族文化根基和国际竞争能力的优秀学生。"

"实践学习、团队学习、研究性学习。"

"主动地去接触、引导、告知和组织学生。"

采访人问（以下简称"问"）：我们这个调研项目是希望采访一些有代表性的负责学生工作的领导和老师，征求领导和老师们对学生工作的看法和意见。我们了解到您在学生工作战线工作了近20年，又曾经在英国学习和交流，因此也了解国外高校关于学生事务管理的情况，我们专程来采访您，请教您的看法和意见。

受访人曹新副书记答（以下简称"答"）：我们首先要对"学生事务管理"这个概念有一个清晰的认识。其实"学生事务管理"更多是欧美国家的大学机构使用的概念，国内更多使用的是"学生工作"这个概念，当然具体的内涵确实有不同。我们可以这么去定义——学生事务管理主要是指学校为学生的成长、成才和个人发展提供各方面的支持、服务和教育、引导等各项工作的概括性表达。

例如在美国，学校工作主要包括学生事务和学术事务两个部分，和学生相关的学术事务之外的所有事情基本上都纳入学生事务当中，因此，学生事务管理是一个相对较为宽泛的概念，从新生入学到学习指导，从社团活动到文体娱乐，以及经济资助、医疗保健、心理咨询和就业指导等，都可以纳入学生事务当中。跟我国的学生工作比较而言，它不像我们有比较多的涉及政治或政策方面的工作内容，我们学生工作的政治色彩会相对浓一些。从服务范围看，英美高校学生事务管理的范围比我们更广，涉及的机构和人员更多。而从服务的提供方式来看，学生事务在西方很多大学里面大多是采用一种相对比较被动式的类似"客户服务"的模式，学生来寻找支持和服务，老师则提供较为专业化的支持和指导；而就国内的学生工作来讲，主动和被动的模式都会有，很多时候我们负责学生工作的老师是主动地去接触、引导、告知和组织学生，这种方式可能略多一些。当然还有很多体制上的不同,比如说大多数的西方高校采用一种集中化的服务方式,主要在学校的层面有 N 个中心来直接面向学生服务,而国内高校大多数是在学校机关有相关的若干部门,侧重在政策制定、方向把握、资源分配、人员培训等方面工作,各院系有相应的人员来具体落实相关工作,这其中必然会带上一些学科和学院的风格差异。

问: 在谈及国内的学生工作模式和国外的不同时,奖学金就是其中一个案例。在西方国家,学校设立专门的机构来统一管理奖学金的评选和发放等事务,学生则根据自己的情况向该机构去申请。在国内,则是将评选任务分配到各个院(系),辅导员等负责学生工作的老师会主动地提醒同学们去申请。中国这种学术工作和学生工作相结合的模式,与国外那种学术工作和学生工作相独立的模式相比,是否有很大差别?

答: 呵呵,你的表述可能不是很准确。实际上我们的工作也必然要涉及很多学术性的内容在里面,只是我们具体工作的节奏不太一样。比如说我们的奖学金更多是针对你的过去,如过去这一学年的学习和其他方面所有情况的综合评价。我们也会按照相应奖项的具体情况和一定比例来划分各个学院、各个专业的相关名额。而国外大学的奖学金,则是申请者在入学时提出申请,根据自己的学习、研究情况以及过往的表现去申请。

国内高校现在主要用学生学费的一部分(约 10%)作为奖学基金,还有其他各种社会捐赠奖学金也会做相应的补充。中山大学的优秀学生奖学金(设一、二、三等奖)覆盖面是 33% 左右。西方国家的大学奖学金则主要是依靠社会捐赠,如社会组织、个人、企事业机构等可以在某个学院、学科或者课程设立一项奖学金,然后由学校学生事务部门负责操作,让学生去申请。当然,西方不同国家的高校学生事务管理模式有较大差异,包括奖学金申请也是如此。

这跟我们之前讲的管理体制有关系，中山大学现在的奖学金的主管部门是学生处，它负责统筹学校奖学金资源的分配、政策制定还有工作时间的把握，例如，什么时候发通知，什么时候评选完毕。各院系负责具体落实到学生。西方的高校也会有自己的相关的时间、政策安排，而两者的不同点主要在于他们的学生根据自己的情况直接向学校提出申请，学校统筹之后进行审核，然后发结果给申请者。

西方高校很少像我国一样，由教育部颁发相关的政策，要求学校的学费收入的其中一部分拿出来反馈给学生。因此，我们的获奖比例相对来说比较稳定，这十几二十年就差不多都是这样的一个比例。当然，奖学金的金额会随着时间的推移逐步地提高，比如说我们的本科优秀学生奖学金一等奖在90年代只有800元，后来到1000元，再后来到1500元，现在到2000元。在西方，除少数公立学校之外，大多数私立学校是根据学费收入还有校友捐赠情况来决定的，经济景气时发放的奖学金就多一些；经济环境比较差，它一方面会提高学费，另一方面会减少奖学金。你们将来毕业去申请国外的学校的时候就会体会到这一点。

"高等教育大众化基础上的精英教育。"

问：某学院的一位领导在总结学生工作时，曾提到了以下几点。他说他们学院对学生工作的要求，第一是学生必须通过四级、六级考试和专业英语考试；第二是毕业的时候所有学生都可以顺利拿到毕业证；第三是毕业时全体同学一个都不能少，不可以出现一些人身意外的情况。他将学生工作归结为这三个方面，您刚才也提到了各个院系学生工作的侧重点、内容不太一样，那么您认为外国语学院的学生工作应该侧重于哪几个方面呢？

答：各学院的情况确实不一样。总的来讲，我们对学生工作的基本要求是这样的：第一要保障学生的安全；第二是让大家——包括整个学院、整个年级、整个班级——有良好的秩序；第三是引导我们的学生自觉培养文明的举止和思想意识；第四是在此基础上鼓励学生个性化发展，培养创新意识，增强实践能力。

从人才培养的角度，就外国语学院目前的情况来看，现在我们学生人数比较少——目前本科有4个专业，每个专业一年招生30个人左右，相对于其他人数较多的学院，外院试图实行的是高等教育大众化基础上的精英教育。

怎么来做呢？第一，我们的师资配备要比较强，大多数专业课进行小班教学。我们外国语学院的学生还是较为幸运的，包括在珠海校区的一、二年级学生，学院都会安排教学经验丰富的教授、副教授、讲师去给他们上课。

第二，我们强调学术导向。外语专业的学生要花很多的时间在听说读写这些基本技能的训练上，尤其是前两年。后来根据学科发展的需要，包括学校人才培养模式改革的要求，学院认为需要把一些语言学、文学、文化以及跨文化交流等方面的专业知识融入技能学习，把两者结合起来。同时，适当地把我们原来一些专业课程往前提一点时间，及早培养外国语学院学生的专业素养、思辨能力、跨文化交流能力等。这些是我们以前在外语专业人才培养上重视不够的地方，近几年，学院有意识地加强这些方面的努力。从我们毕业生就业的情况来看，这些努力逐步显现出效果。例如，我们2012年英语专业本科毕业生有一半左右的学生是到国外去升学，而且去的都是很好的、在世界上比较著名的大学。现在海外高校对我们外国语学院的学生还是很认同的，像我们有一名学生拿到了9间国外知名大学的OFFER（录取通知），这确实是很难得的。

第三，我们强调培养学生的社会责任感。中山大学的学生在同龄人当中应该都是佼佼者。学校在广东招收的学生可能多些，但是在外省则是招收几十名而已。这些学生真的是很不容易的，能够上中山大学的学生都是好学生。我相信我们中山大学的毕业生进入社会，一般不会为面包而烦恼，而是应该有更高一点的追求和抱负，能够真正为这个社会的进步、国家的发展作出自己的努力和贡献。我们希望能够在这些方面对学生有一定的引导，具体的实现途径就是鼓励我们的学生积极地参与一些社会公益活动、志愿服务，包括一些重大的活动，像奥运会志愿者服务、亚运会志愿者服务、大运会志愿者服务等。在志愿服务中，他们可能需要接待一些重要的贵宾，包括一些政府首脑、知名城市的市长及其随从等。在与贵宾们的接触过程中，他们可以了解、学习来自不同国家、不同文化、不同习俗背景的人是怎样去理解生活、理解工作以及怎样看待今天的中国。在此过程中，其实能接受很多的教育、启发，他们对自己的国家以及今天的这个世界会有更多的认识，潜移默化中增强了社会责任感。

　　第四，重视引导学生自觉提升文化素养。我们正处在全球化时代，全球化的影响体现在经济、政治、文化等各方面，与全球化相对应的是本土化，这两者是相辅相成、相互影响的。全球化背景下的本土特色日益引起人们重视。我们的学生特别是学外语的学生，在跟他人学习外国语言和文化的过程当中也要有输出的东西。输出什么呢？便是输出我们自己国家民族的历史、文化和文明，也要输出我们的价值观。因此，学生自己就要去加强这一方面的学习，提高素养。我们就一直在鼓励学生加强对我们国家国情、对我们祖国的优秀历史文化传统的学习、了解。有一些学生确实会有意识地、主动地去了解、去掌握，而有一些则可能因为太忙了——特别是部分低年级同学，时间、精力很多花在了各种各样的社团活动当中——因此，这方面的努力并不是特别够。总体看来，我觉得我们外语专业的同学应该朝着这几个方向去努力。

"培养具有全球视野、道德智慧、专业技能、民族文化根基和国际竞争能力的优秀学生。"

问：曾有外国语学院德语专业的同学反映，小班教学的模式使同学之间、同学与老师之间的联系更加紧密，有利于学术意见的交流与讨论，这应该体现出您前面所提及高等教育精英化的教育方向。精英化的培养目标是什么呢？

答：我之前跟外院学生提出过"希望培养什么样的人才"的问题。我们的目标是培养具有全球视野、道德智慧、专业技能、民族文化根基和国际竞争能力的优秀学生！

问：学习外语的同学接触的西方文化肯定相对较多，那么，您认为在对他们进行外国文化教育和中国传统文化教育时有没有遇到一些困难和冲突呢？

答：我倒不觉得（有冲突），这是一个误会。很久之前，我在来外国语学院工作之前也有类似的想法——觉得外国语学院的学生因为接触更多外国语言和外国文化，所以会相对而言比较西化——其实这是一个因不了解而生产的误会。其他很多非外语专业的学生，可能也包括其他一些高校的学习外语的学生，他们对外国文化以及外国国情的了解是比较片面的，很多时候是被媒体所误导了或者是欺骗了的——媒体告诉你的事实并不完整。相对而言，我们的学生，如英语专业的学生，对英美等国家的历史、文化、文明等方面了解得比较多。因为他能够去阅读一些原著或者是上网去了解一些信息，比如说去查阅一下BBC的网站，去查阅一下《华盛顿邮报》和《纽约时报》等，能够直接和外国朋友沟通，因此他们就可以更加全面、准确地去了解，而不是像我们那样子很多时候只是看一些翻译过来的东西。翻译过来的东西经常受到两个限制：第一，你的眼光和兴趣的限制；第二，翻译水准的限制。

我有时觉得我们外语专业的学生比较理性、慎重、优雅和单纯。如果他们真正地去学习、去了解、去掌握外国语言、文学、文化，与外国朋友直接沟通对话，对外国的认识会更符合实际一些，而不是像我们——通过看好莱坞电影和视频去了解美国。我们在电影、电视上看到的东西往往都是被加工过的、很典型的，并不是代表大众生活的真实状况。正是因为他们有了这样的机会去比较、去了解外国，可能许多时候他们能够站在一个更加客观的角度去看待和评价我们自己国家的历史文化，还有我们的道德传统，同时也更自觉主动去学习、了解。我曾经跟一些用人单位讲过，我们的学生有什么不同呢？他不会像官方那样把我们国家说得那么好，但也不会像一些"愤青"或者国外人士说得那么坏，对我们国家和民族、对我们的政治和经济乃至文化的评价能够更客观一些，因为他们有一个比较真实的参照。

从某些层面来说（如政治），外国语学院的同学会显得比较冷静；而在另外的层面，我们学院的学生也有很多创意、激情，有要去创业的，有将来要去游历世界的，还有希望在学术上做出一番成就的，等等。我们有一个毕业生在毕业典礼后对我讲："老师，我以后一定要赚大钱，然后捐钱给中大和外院！"你看多有抱负和激情啊。

"实践学习、团队学习、研究性学习。"

问：外国语学院的同学可能有一个比较广阔的视野，既看到好的一方面又看到坏的一方面，所以倾向于站在一个比较中立客观的态度去看待事物。您在外国语学院工作了这么多年，您可不可以谈一下自己的求学经历呢？

答：我的经历太简单了，进入中山大学学习然后留校工作,在几个学院转了一下。我是 1991 年入学,1995 年毕业的,在原来的地环学院现在叫做地理科学与规划学院学习。我本科毕业就留在了中山大学,留下做辅导员。开始在岭南学院学工部,岭南学院当时两大学科,一个是经济学科,一个是计算机学科,计算机学科一部分后来到了信息科学与技术学院,计算数学专业到了数计学院,我也去了数计学院。后来去了学生处,其中有 2 年在珠海校区,再后来就到环境学院,2007 年就到这里——外国语学院。

问: 老师,您在学校里面工作了近 20 年,您能不能结合一下您的亲身经历谈一下这段时间学校在学生工作方面的变化?

答: 首先就是我们刚才讲到的,我们的社会有很大的变化,我国建立社会主义市场经济体制是从 1992 年党的"十四大"提出来的。之后便处在计划经济向市场经济转型的过程当中。转型的过程挺长的,从 1992 年中国共产党"十四大"召开一直到 21 世纪初,大概有 10 来年一直处于转型期。这是从我们整个社会来讲。从学校来讲主要是从精英化高等教育到大众化高等教育的转变。首先表现为学生规模大幅增加,我入学的时候,整个中山大学大概 1000 人左右,而现在扩展到 8000 多人;以前中山大学只有一个校区,现在有四个校区,这是另一个大环境的变化。

从我们的工作内容来讲,直观上看,现在我们获得的社会支持和资助要多很多,包括我们的奖学金和助学金。这带来的结果是什么呢?我们学生工作的事务多了很多,辅导员忙了很多。还有一个就是我们整个学生工作的队伍结构有很大变化,从 2000 年开始,我们实行流动编制辅导员制度,就是"2+2 制度"(保留学籍并做 2 年辅导员工作,之后继续读研)。在 2004 年、2005 年左右开始实行"B 系列"制度。总体而言,辅导员的学历层次在不断提高。

从学生的角度看，也是有很大的变化。比如说20世纪90年代的学生很多是有兄弟姐妹的，到了90年代末21世纪初，大多数是独生子女。说到独生子女，有个有意思的事情值得一说，在2000年左右，在评助学金时发现，各院系报上来的家庭经济困难学生很多都是家里面有3个、4个乃至5个兄弟姐妹的，从国家政策上来讲是严重违反计划生育政策的。当时就此问题进行过专门的讨论。经过讨论，主流的意见认为，学生父母违反计划生育政策，但学生本身并没有过错，他们是无辜的，无法自己控制的。那是他们父母的错，而不是他们的错。只要家庭经济困难，不管是否违反计划生育政策，都要给予相应资助。

中山大学的学生，特别是经济困难的学生，是很幸运的，跟国内很多学校的学生来比，获得国家和社会的资助力度是很大的。从2000年以来，中山大学坚持和实现了不让一个学生因为家庭经济困难而辍学的社会承诺。随着学校资助体系的建立，在各方共同努力下，中山大学的"奖勤助贷补减"体系在不断完善。

我们学校的勤工俭学是很有特色的，其中之一就是设立学生助理。这个制度是从1999年开始试行的，当时我刚好在学生处，具体负责助理的设置、信息汇总等，对相关情况比较了解。最早是给各个学院的学工部或者是叫做学工办配备学生助理，刚开始的时候是1名、2名，最多不超过3名。到今天，在全校各个岗位、各个部门，几乎都有学生助理了。这起到了两个很好的作用，首先让我们的学生在此过程中得到锻炼，学到一些东西，同时也获得一点生活补助；其次也帮助老师做一些具体的事务，协助完成一些繁琐、简单、重复的劳动，以及那些技术含量比较低的劳动。

还有一个重要变化就是，学生跟社会的交流与接触跟以前相比，有很大的不同。现在的学生更加广泛深入地参与到各种社会实践当中去,包括寒暑假、平常的兼职与实习机会比较多。学生们的竞争意识、权利意识以及市场意识等也在发生着重要的变化,相对而言,我们学生工作也要应对学生思想观念、价值取向等的变化,根据社会和环境的变化而做出相应的调整。

现在提出学生工作要走专业化和职业化的道路,从当前我们的实际情况来看,离这样的目标还是有一定距离的。有各方面的原因,包括我们体制和机制的原因、现有人员结构和资源配置的原因等等。我们怎么样创造更多的机会和更好的平台去帮助学生实现他的理想或者是梦想,是改进学生工作的重要方向。

我们有些时候是规划很好、计划很好,但是真正地落到实处时会受到这样那样的一些限制。举个例子,学校推出的三学期制,根据我们的理解是希望通过这样的一种方式提供更多的机会让学生去实习、实践。在我们外国语学院动员的时候,我们提出,希望同学们通过第三学期去体验与平常课堂学习不同的学习方式——实践学习、团队学习和研究性学习。首先是实践学习,平时都是课堂上老师灌输得多,那就去亲身实践一下,学以致用一下;其次是研究性学习,带着问题去图书馆,上网络去找资料,去找老师、同学采访或者访问等,按照学术规范要求去分析问题、引用资料和撰写报告;最后就是团队学习,平常我们可能很强调个人的思考、个人独立完成作业,但将来的工作不管是从事科研也好,在企业做事情也好,很多时候都是需要在一个团队当中工作的,团队精神、团队合作的能力和意识是需要培养的。如果我们在学生阶段都没办法有意识地去培养,那么毕业了、工作了再去培养,就会显得比较吃力。尽管我们有良好的愿望、计划,有动员有检查,但是从实际情况看,到了第三学期,如果学院没有课程,大家都急急忙忙地赶着回家,或想着去度假、去旅游或者去实习。也就是说，虽然我们有很好的目标，有很好的计划，但真正落到实处的时候可能还是需要采取更多的具体有效的措施。

过去十几年来，学生工作的变化还有很多，如师生关系、网络技术运用、社团发展等，时间关系就不再讲了。

问：据我所知，外国语学院的同学的社会实践经历非常丰富，他们的就业方向主要有哪些呢？

答：主要就是这么几类，第一是外资企业；第二是政府部门；第三是学校和其他一些事业单位。这三者应该是占到主体，当然还有去国企、民企的，但比例较小。我们大多数的研究生第一选择是进学校，包括高等学校及部分中学。现在有不少学生，本科毕业之后去学传播或者传媒等，我觉得挺合适的。为什么呢？一方面，我们的学生高中时都是学文科出身，在综合性大学学四年，文学、文化素养比较好，学习能力比较强；另一方面，我们学生有外语的优势，往往能够从国外的媒体报道当中及时获取信息，视野会更加宽阔。我们的在校学生一直有在电视台、报纸杂志或者网站等实习的，像亚运会、大运会、UCLG国际会议等，我们有很多学生去当志愿者，负责与媒体报道、新闻服务等相关的志愿工作，从而培养了相应的兴趣与能力。

问：外国语学院大一、大二的学生是在珠海校区生活与学习的，根据您在这方面的管理经验，您怎么看待这种四个校区的跨校区办学模式呢？

答：学校其实已经有相关的路线图了，希望一个学院在一个校区办学。一个专业的本科生、研究生和博士生应该是在一起的，所以我们学院的老师是强烈希望学生能够尽快回到一个校区来。首先，本来我们学院的学生人数就少，我们不会占用南校区太多的资源。比如说课室，我们的课室基本上还是能够容纳得下所有的一、二年级学生的。其次，原来有学科结构方面的担心，但现在珠海校区翻译学院的学生老师人数众多，完全可以胜任珠海校区外语教学和研究的任务，而且其语种设置比外语学院还多。最后，过去十几年，外院老师付出太多的时间和精力在校区往来交通上。像我们日语、德语、法语，一个系只有那么十个八个老师，跟哲学系、历史系等系不同——他们一个系有几十个老师，大家轮流，可以2年、3年轮一次。我们日语、德语、法语的一些老师每学期都要去或者是每年都要去，花在路上的时间就很多了。这真的给他们带来很大的实际困难，所以强烈地希望学校能够尽早让外国语学院一、二年级回来。这不仅是老师的希望，也是学生的希望。学校目前可能也有很多考虑吧，还没有响应我们的要求和希望。

【采访后记】

曹副书记不仅十分热情友好，而且博闻强识，对高校学生事务管理有自己独到的认识和见解。当曹副书记结合自身工作经验和体会，条分缕析地向我们介绍学生工作，自豪地与我们分享他与外国语学院的同学之间的故事时，我们都被他那亲切的笑容深深地折服。我们既感慨于曹副书记的记忆力和分析能力，也深深地感受到曹副书记在这个岗位上付出的艰辛和努力，更感受到他对外国语学院以及同学们的关怀之情。

钟一彪　服务学生，助人自助

采访人：李秀武
撰稿人：林东明

钟一彪

钟一彪，生于1977年，法学博士。2001年，在中国青年政治学院获得学士学位。2006年在中山大学社会学与社会工作系获得硕士学位。2006年至2010年在中山大学社科系攻读博士学位，主要研究方向为现代伦理与比较德育。2001年进入中山大学工作，历任中山大学政治与公共事务管理学院团委副书记、传播与设计学院团委书记、中山大学岭南学院党委副书记等职务，2011年5月至今任中山大学学生处副处长、学工部副部长。

【观点摘要】
"高校学生工作是青年服务工作，也是人类服务事业的一部分。"
"助人自助。"
"你不断地学习，而且又不断地去实践它，那么你就会不亦乐乎！"
"大学应该培养善良的知识人。"
"中大学子要有国际视野、领袖气质和人文情怀。"

"高校学生工作是青年服务工作，也是人类服务事业的一部分。"

采访人问（以下简称"问"）：我们想了解一下您对学生工作的看法，首先，您觉得学生工作是一份怎样的工作呢？

受访人钟一彪老师答（以下简称"答"）：我觉得高校学生工作是面向青年人的服务工作。从小的方面看，大学生都是青年人，因此我将其称为青年服务工作。从大的方面来讲，这算是人类服务事业——因为青年关系人类社会的未来发展。如果从这些方面去想，就会觉得学生工作非常有意思，很有意义。因为我本科是学社会工作的，所以，我愿意从青年服务或人类服务角度去思考这个问题。

"助人自助。"

问：我记得我大一刚入学的时候有一个新生党员培训，当时您有提到说您是社会工作出身的，您觉得社会工作跟学生工作之间的关系是什么？

答：两者有所不同，但关系挺大的。社会工作是帮助有需要的人的一项事业、一个专业。但其实每个人都有不同的需要，现在我们青年大学生也是各有各的差异，各有各的需求，因此，我学的这个专业正好可以用在这一方面。首先，社会工作专业倡导用个别化的方式去对待每一个个体，也就是"具体问题具体分析"。每一个人都是不一样的，因此用统一或者同一套模式去对待所有人是做不好工作的。其次，社会工作很讲究对人的尊重，平等待人，包容别人，学生来自不同的背景，有的学生个性比较强，有的比较温和，个性有差异，当然中山大学的学生肯定都非常优秀，优秀的人在一起的时候会有很多思维的火花，这需要我们互相尊重、取长补短。因此，我觉得学生工作和社会工作专业有许多可结合的地方，很有意思!

"你不断地学习,而且不断地去实践它,那么你就会不亦乐乎!"

问:您当时举了一个例子,说大学四年时间内,你们班的同学除了少数几个同学以外大部分人都担当过班干部,您能够再具体说一下吗?您觉得担当班干部对以后的工作有帮助吗?

答:我大学的时候,班里的学生干部是轮流当的。因此,对我们来说,学生干部就不是那么吃香了,反正大家都可以做的。这种机制很不错,我们当时人本来就比较少,我当时所在的中国青年政治学院一年才招收两三百个学生,全校才一两千人,学校有很多地方需要人去"干活"。

学生时代,读书是第一位,专业肯定是应该学好的。但是学习也有多种方式,其中,课堂学习是一种学习方式,课外学习也是一种学习方式。如何把课堂学到的知识,在实际生活中进行应用,在我看来需要有参与的经历。这种参与不只是指学生干部的参与,而是你一定要去做些实践性的事情。孔子说:"学而时习之。"这里的"习"其实并不是温习的意思,重点是实践、实习的意思。孔子就是在说,你不断地学习,而且不断地去实践它,那么你就会不亦乐乎!不是说你不断地学习又不断地去复习然后就会很快乐,显然并不是这个样子的。因为复习不一定快乐,比如说学习财经的学生——我在国际商学院当副书记时接触了不少财经类的学生——他们并不是学了很多财经知识,不断复习,然后他们觉得很快乐,而是不断实践财经知识,创造出财富,才会快乐。在我看来,当学生干部就是一个社会实践的过程。学生干部其实是一个泛指。我不赞成为了当学生干部而去当学生干部,如果是这样就没有意义。如果你把这当做一个锻炼的机会和服务的机会,那你就会有收获,这就是泛指。所以学生干部是不可以当太多的，因为你根本做不了那么多的服务，没那个精力。总之，我觉得当学生干部最重要的就是锻炼了人的综合能力，而且有这个身份，从社会学的角度就意味着有一个社会角色，人也就会把这个角色的要求应用在自己身上。比如说我现在的角色是学生处副处长，那么我就会以这个角色来要求我做好这份工作。比如说最近的校区搬迁工作，要求大家六点钟到场，我肯定不可以七点钟才到场。所以，在我看来，做学生干部也是同样的道理——做学生干部就要对自己有更高的要求——这样就会把我们很多惰性和缺点给克服掉。但是，如果你是抱着"官僚"的态度去做事，就会很麻烦。这就是我对学生干部的认识。其实功利性不要太强，种瓜得瓜，种豆得豆，什么时候得到是需要时间检验的。至少我觉得在大学期间做学生干部，即使可能没有什么实际的物质利益，但是这种锻炼真的很大。因此，我是比较同意学生以服务同学的心态去参加这些活动的，但是这不能够成为你学习不好的理由。

"大学应该培养善良的知识人。"

问：前些日子，北京大学的一位学者说现在的大学在培养一群"精致的利己主义者"，就您的工作经历和中山大学的现状来看，您觉得是这样的吗？

答：我觉得大学还是应该培养善良的知识人。他说的这种"精致的利己主义者"大概是因为有些大学太功利化了。当然，现在的一些现象让我们看起来确实不是很舒服。我最近在看台湾大学傅佩荣教授写的《哲学与人生》，里面谈到："善良是使双方的关系处于舒适的状态。"你要考虑对方的反应，也要考虑自己的反应。我也看过洛克的《教育漫话》，洛克说，要有德行和智慧，还要有教养和坚忍。按理说，本来是大学要引领社会潮流，但现在大学反倒被"社会化"了。对于中山大学这所学校来说，我觉得中山大学是尽了很大的努力去"抗拒"这种状况的，这你应该能感觉得出来。中山大学也是一所比较包容的大学。我在这里读了硕士和博士，我很喜欢这所大学。这十几年来，我看到中山大学在不断前进。黄达人校长讲，"中大学子要有国际视野、领袖气质和人文精神"，校长作为一位科学家，也在倡导人文的东西，可见这是很重要的。另外，我觉得中山大学的学生都很不错，很认同"博学、审问、慎思、明辨、笃行"这个校训并努力地去实践。当然，也有一部分同学看书看得不是很多。我总体的感觉是，中山大学在教育方面还是独树一帜的，这不是我在吹捧，而是因为我对学校确实非常认同——倡导"人心向学"。黄达人老校长之前讲"学术共同体"，许宁生校长在此基础上讲"人心向学"。这里的"心"并不是说你光想就可以了，讲的是我们老师、学生和教职员工一切的重点都要向着教学、学生和学术。老师首先要把自己的教学做好，其次要致力于学生的发展，最后再关注自己的学术。学生应该成为我们学校教育的中心。把学生看得这么重，身为青年大学生服务者的我们就有事情可做。我们现在也在倡导社会公益实践。现在我们学校的学生申请奖学金是有公益活动时数要求的，以后申请助学金的同学也要参加公益活动。实际上，公益是一个导向，既然我们中山大学的学生非常优秀，那么我们就必须去参与公益，有所行动，也要给学生一个参与的平台。当然，我们现在刚刚起步，想用奖学金去刺激一下大家，也出现了一些人说的"把公益变成功利"的问题，但是我相信慢慢就会改变，以后大家都自觉去做了，就不要用奖学金这种事情来"刺激"大家去"公益"了。我们更大的愿望是希望中山大学学子为社会做点事情。许多发达国家的大学在学生入学的时候也会考察学生的公益服务情况。在做公益的过程，希望学生可以在服务社会中提升个人品性，也学会怎么去做事情,如何去与他人接触。这是一个双赢的结果,对自己有好处又帮助别人,何乐而不为呢。现在我们的做法可能还不成熟,有不同声音是正常的。我们中大人要有这种胸怀,接受赞赏,也接受批评。但无论如何,倡导学生参与社会公益这个方向是对的,当然也需要一个过程让我们不断去完善。

问:您觉得我们具体要怎么培养这么一群善良的人呢?需要做什么样的思想工作呢?

答:我正好是思政专业的博士,我觉得我们的思想教育需要更加接近日常生活、贴近学生实际,把解决思想问题和实际问题结合起来。在学生思想教育方面,理论的探讨当然是需要的,但是真正要做思想工作的时候要具体问题具体分析。如果老师没解决学生的具体问题,就说学生思想有问题,这是不行的。当然不排除有一些同学真的是思想上有问题,但是思想上没一点问题,就不会是年轻人了。青年人或多或少都会面临思想上的焦虑和冲突,会有很多不明白和迷惑。哪有人一出生就很成熟的嘛!总的来说,第一就是营造氛围。这需要我们不断去宣传、总结,做大量深入细致的沟通工作。第二是要不断学习。我们学生工作不能跟大学生主要任务相违背,大学生的主要任务是学习,我们要服务学生、影响学生,首先是我们自己要学好、要做好。第三就是要关注实践。不能光说不练,而是要在实践中学习,"做中学",就像刚才说的社会公益实践,让学生体验一些东西从而认同和改变一些东西,在互动中成长。学校也在不断鼓励学生去参与,一件一件事情去做,一点点地去改变。我觉得社会整体是一个系统,一点点去改变就会促成整个系统的改变。

问:那您觉得中山大学的学生工作有什么是值得别人去借鉴的?

答:我自己的感觉是,中山大学很多方面都做得很好,上级教育主管部门也是认同和肯定的。我觉得我们做得最好的一点是真正地结合了国家需求，结合了市场经济的发展，结合了日常生活与学生实际，来做学生的教育培养工作。中山大学是实干的，并不会很夸张地去做一些表面文章，而是把上级教育部门的要求和社会需求与我们的实际情况有机结合起来去做。人的思想工作本来就应"润物细无声"，你太夸张了学生就会反感。如果你无限拔高，他们就压根不会相信了！思想工作首先要在老师与同学之间建立信任，这样的老师才会得到学生的认同——学生有问题才会找你讲，才敢跟你谈。

"中山大学学子要有国际视野、领袖气质和人文情怀。"

问：您觉得现阶段中山大学的学生工作的整体目标是什么？

答：我们需要从教育的视角去看待学生工作，而不只是从行政或管理的角度出发去做学生的工作。在许宁生校长提出的"中大学子要有国际视野、领袖气质和人文情怀"方面，我们学生工作还有许多事情可以做。我们希望学生们能像校长所说的，在社会需要我们的时候，能当仁不让地站出来，同时在行业里成为精英。领袖气质是很重要的，不光是专业要好，而且要有担当精神，专业好了而没有担当精神就没人敢用你。在国际视野方面，校长提出希望我们的学生在国际上行走自如。还有就是学生的人文素养，做了事情也要让他人、让社会感受到你的情怀——关注人类、关注底层等等。对照校长对学生培养的期待，我们的学生工作还是有很多要优化升级的方面，比如说要把工作做得更加精细化一点，工作也要更加国际化，也要有品牌化的意识，朝精细化、国际化、品牌化的方向推进。我们的同事是很用心的，我自己也会很努力地去做。我们这一行是海纳百川的,只要有人愿意来为青年服务、为学生发展服务,我们都无限欢迎,但是进来从事这个行业就要用心去做,努力成为优秀的人。学生在发展的时候会出现很多问题,这个时候就需要有人去关心他们、帮助他们、引领他们,这是不容易的。我们现在很多院系的辅导员自己也很年轻,也面临着很多实际的问题需要解决,年轻的学生工作人员也需要一个成长的过程。这种成长不只是经济利益方面的,也是个人学识、品味和内心世界的。

【采访后记】

钟一彪老师是我极敬重的一位老师,为人热情,富有激情和活力,对待学生亦十分耐心和诚恳,是在学生中人气极旺的一位老师。由于是在第三学期将近期末的时候与钟老师预约的,当时钟老师百事缠身,但还是给我安排了一个时间。虽然整个采访只有短短不到半个小时,但是我能够强烈地感受到,钟老师在把学生工作当成一份伟大的人生事业去做。

许俊卿　培养学生生生不息的信念

采访人：李秀武
撰稿人：王月娇　林东明

许俊卿

许俊卿，中共党员，1968年3月生。1990年在华南师范大学物理系获学士学位，2005年在中山大学教育学院获法学硕士学位。1990年7月起从事辅导员工作，至今22年。现任中山大学光华口腔医学院学生科科长。曾获首届中山大学优秀辅导员标兵、2010年广东省辅导员十大年度人物称号。

【观点摘要】
"三者——组织者、引导者和实施者。"
"让学生有可持续发展的能力。"
"搞工作，边界不清晰，日常事务太多，生命透支很厉害。"
"把辅导员往职业化方向发展。"

"三者——组织者、引导者和实施者。"

采访人问（以下简称"问"）：您认为什么是学生工作？

受访人许俊卿老师答（以下简称"答"）：教育部对学生工作的定义是学生的引路人、教育者，以及校园活动的组织者、实施者。教育部关于辅导员都有建制和规定："三者——组织者、引导者和实施者。"学生工作内容很多、很庞杂，范围分散在日常的工作中，那么，平时的工作就会很庞杂、很琐碎，如奖助贷评，虽然名字都是一个字，但各项工作具体做起来就真的很费时间，我们就曾花了整个第三学期来做奖学金和助学金的评定工作。当然还有日常教育管理，如临时困难补助，也是需要我们花大工夫去做的。如果平时教育管理只是讲大道理，而一旦学生有实际困难却不帮忙，那么，就很难与他们产生共鸣。因此，我们平常会从生活上和经济上对他们进行关心。另外，还有学生的心理问题和意外事故，都需要花大量时间去处理。还有一个问题就是我们自己的研究，因为平时学生工作很忙，我们都没时间研究，只能利用自己的休息时间来研究。还有一块是校园文化的组织者，现在这一块的主要工作由团委的老师指导，但其实也需要辅导员。

问：您觉得医学院的学生参与社团活动有必要吗？

答：其实医学院的学生去参加社团活动是很有必要的。因为现在大部分医疗纠纷都是因为医生与病人沟通不利造成的，而不是医疗质量的原因，所以医学院的学生积极地参与社团活动是很有必要的，在此过程中，他们可以学会与人沟通。做医疗也讲究组织病人，社团工作对这方面也有益处。

"培养学生可持续发展的能力。"

问：您觉得学生工作要达到一个什么样的目的？

答：教育是百年树人，因此短期之内，我们的工作不一定能看出明显的效果，进而不能用固定的指标来衡量。但是好的教育与不尽心的教育在10年、15年之后还是有区别的。我们主要是让学生有可持续发展的能力，要有不断进取、追求卓越的思想信念。医院里有一些德高望重的医生，他们不一定是从很好的本科院校毕业的，但他们有不断进取、不断超越自我的信念，生命不息，奋斗不止，取得的成就会超越那些从很好的本科院校毕业后就不再接受继续教育的医生。我们每一届毕业生中能够留在中山医的都是成绩很优秀的人，但是其中有些人进入中山医的附属医院后就不再进取了。所以，我们不断强调，学生要有生生不息的信念。

"辅导员是一种透支生命的工作。"

问：结合您这么多年的经验，以及当前学生工作的状况，您觉得中山大学或者您所在的中山医学院在学生工作方面存在哪些不足，如制度性的缺失？另一方面，是否有值得其他学校借鉴的地方呢？

答：不足方面：第一，缺乏精细化的专业委员会。建议全国、全省学生工作像其他专业一样建立更细化的专业委员会，每年召开年会，加强交流和合作。第二，辅导员当中很难形成团队开展研究。没有学科依托就没办法招研究生，各个学院的辅导员相对独立，比较难以动员其他院（系）的同事形成团队，只能单打独斗，再加上辅导员没有社会资源，缺乏经费，很难研究一些重大课题！如果只能就实际中碰到的问题进行研究，就没办法使得相关的研究具有前沿性，其思想深度和广度都将大打折扣！第三，工作边界不清晰、日常事务太多，生命透支就很厉害。学生在给辅导员评价的时候都希望辅导员多和他们交流，但是对于这点我是很愧疚的——因为我们没有那么多时间和精力跟他们经常面对面交流。第四，辅导员社会地位低。因为成绩显示度很低,甚至有时候一些工作涉及学生的隐私,我们不能公开宣扬我们的努力,造成学生工作圈子外的人不知道我们做了什么事,因而我们的工作社会认可度很低。

至于优势,第一,学校花了很大力气促进辅导员的社会化和国际化,因此,辅导员的国际化程度在不断加大,而这可能是很多其他学校都不能做到的,这值得其他学校学习。我2009年去英国里丁大学,发现我们跟外国相比,辅导员队伍的专业化程度还是很低的,因此,我们还是要在原有基础上不断地加强,这是我们努力的一个方向。第二,学生处对我们辅导员还是很关心的,一直在营造学生之家的感觉,让我们觉得中山大学很有凝聚力。我知道,体制上的东西也许无法完全改变,但他们还是帮助我们解决了很多具体困难。第三,我们中山大学的学生工作以人为本,关心学生,一直在促进学生成人、成才。还有一点很值得别的高校去推广,就是我们很重视学生的公益活动。他们不是只有学习成绩好就可以拿奖学金,而是你拿奖学金就是要回报社会:因为你的学费不足以支付你上学的花销,那么纳税人和国家来帮助你,因此你要懂得回报。在这一方面,纳税人和国家对高校付出了很多,因此,我们中山大学要求绝大多数学生要有社会担当,所以在政策和措施上有所引导。

"专业化发展,精细化发展。"

问:您觉得当前学生工作会朝哪个趋势发展?或者应该朝哪个趋势发展?

答:第一,对我们辅导员而言,当然是希望专业化发展了,即使不能做到专业化,也可以先做到精细化。像奖助贷评、日常管理、就业指导、党团活动等工作,我们现在是样样都包。那么,什么都会,就是什么都不会,太广的广度就意味着没有深度。第二，交流活动应该更多地让基层的辅导员去参加，这样大家的归属感会更加强烈。如果一些辅导员不能从自己的工作中获得成就感，他就会感到困惑，因为社会认同感很低，自我认同感也就低了。目前辅导员的职业理想不是很强烈就是这个原因引起的。第三，体制上一定要健全，使辅导员往职业化方向发展。现在的情况就是辅导员职称评定标准很难制定。教育部虽然要求辅导员按照教师系列评定职称，但是我们的工作涵盖教育、管理和服务等，教育只是我们工作的1/3，如果用专业老师的标准来衡量我们的工作是很不合理的，单独制定标准又很难得到其他领域专家的认同。这是一个悖论。第四，希望可以有人力资源的支持，让我们有自己的团队，有自己的平台。

【采访后记】

许俊卿老师是我校目前一线专职辅导员中唯一一个副教授，她善于研究新形势下学生的思想动态以及教育引导的对策，承担了教育部哲学社会科学研究专项课题（辅导员骨干）委托研究项目，并通过借鉴在英国里丁大学研修高等教育管理的先进理念，具体化为可以操作的方法，不但培养了全省乃至全国先进典型，而且从业以来所负责的学生在校期间无一例意外伤亡，是一个自觉走专业化的实效型辅导员。

陈建存 筑情感之基,行不言之教

采访人:李秀武
撰稿人:曾文嵛

陈建存,生于1979年4月,广东兴宁人,在中山大学法学院民商法学专业获硕士学位,法学博士(在读),国家高级职业指导师。2002年7月开始从事辅导员工作,现任法学院团委书记,负责研究生教育管理工作,曾获首届"中山大学优秀辅导员标兵"、"广东省高校学生工作先进个人"等奖项。

陈建存

【观点摘要】

"'筑情感之基',构建师生间的'情感共同体',使我们融入学生;'行不言之教',构建师生间的'人生共同体',让学生融入我们。"

"教育是生命影响生命的共同成长过程。同学们可能不一定相信我们说的话,但他们会被我们自身的形象、行事的方式、生活的志趣所深深影响。这就是生命体验的互动。"

"回归传统,回归自我,回归自然。"

"以慢制快,永远积极向上,一切得失随之。"

采访人问（以下简称"问"）：陈老师，您好！很感谢您能在百忙中抽空接受我们的采访。刚刚走进您的办公室，它给我的感觉很温馨、舒适，而且它还有个名字叫"藏书阁"，能给我们解释一下为什么要取这个名字吗？

受访人陈建存书记答（以下简称"答"）：我给它取名为"藏书阁"，是希望同学们有空时可以来翻阅。如果人多的话，可以到里边的小隔间，那里有古意盎然的太师椅，有茶具茶叶，有淡彩的水墨山水画，可以一边品茗一边看书。这样轻松的阅读方式不仅给学生提供了一个了解更多专业以外书籍的平台，更是一条增进师生情感交流的途径。

"筑情感之基，构建师生间的'情感共同体'。"

问：辅导员做学生工作，确实很需要构建与学生之间的情感纽带，陈老师能不能跟我们分享一下您在这方面的心得呢？

答：我认为学生工作的目标在于教育，教育是生命影响生命的共同成长过程，而不仅仅是知识、技能的传授。教育有着知识、技能传授之外更为本质的职能，那就是师生之间生命的相互影响与共同成长，这一本质职能在当今信息时代将更加凸显。

就支配与左右人的行为的因素来说，情感远胜于理智。生命与生命之间的影响，情感是其必要条件。同样的话，由不同的人说出来，可能会有不同甚至是截然相反的效果。其中就有情感的因素在里面。在兄弟、哥们之间，很多时候是不需要讲理的，许多事情就是一句话的事。但是，如果在情感上关系恶劣的时候，你就是再有理，也无法说服他。所以，要带着对学生的深厚感情去工作，融入学生的生活，构筑起师生间的"情感共同体"。

问：确实如此。陈老师能不能给我们举几个例子讲讲具体怎样构筑起师生间的"情感共同体"?

答:好,下面我就以几个活动为例来说明,我们构建师生间"情感共同体"的努力。

首先是"缘来就是你"研究生双人联谊活动,这是深受我们研究生欢迎的一个活动。我们邀请不同的老师为嘉宾,在法学院研究生中随机抽取若干对男女,抽签结果及嘉宾名单公布于法学院的内部学生论坛,抽到的学生一对一进行各种形式的交流。

这一活动很好地促进了法学院研究生之间的交流,成了学生讨论最为热烈的事情,每天大家都在期待着抽签名单的公布。被抽中的学生以"天定或者组织安排"的名义,进行了很好的互动交流,有共进佳肴的,有相约拍摄中大美景的,有一个宿舍甚至一个专业一起赴约的……

这一活动更重要的目的在于促进师生之间的交流。一方面,抽签嘉宾与学生们建立了联系;另一方面,我也邀请完成交流的每对学生到办公室品茗聊天,并一起拍照留念,这就是我们活动的"立此存照"环节。以这样富有诗意的形式,我将与每一位研究生有一次面对面的交流谈心。

其次是"以舞会友"研究生交谊舞会,这是我们每年都要举办的活动。在舞会上,每个班都会表演一个节目,如西班牙斗牛舞、肚皮舞、牛仔、恰恰、情景剧、时装走秀等。为准备这些节目,在近一个月的时间里,每个班的同学都全力以赴。我们学工部的老师也会参与到舞会中,与同学同乐共舞。我们还邀请了专业的舞蹈老师现场教舞,教同学基本的华尔兹等国标舞步,还有一些简单易学的自由舞、兔子舞等。老师、同学在学舞、练舞中沟通交流。

最后是"绳之以法"研究生班级拔河大赛。我们的拔河大赛并非简单地约个时间拔完就算,而是持续两周。我们常备3条绳子,可让各班随时借用。在最后决赛前,视两周内其练习次数、参与人数、拉拉队阵容等评选出最大的奖项——最佳组织奖。通过这种"拉长"的拔河比赛，很好地增进了同学们之间的交流，充分调动起同学的班级荣誉感，增强了班级凝聚力。我们在比赛中担任裁判，给学生打气、加油、喝彩，也很好地融入了学生。

另外，我们还与学生一起包饺子，一起做广播体操，一起玩桌面游戏，一起在大学城外环骑双人自行车，一起在大学城中心湖放风筝，等等。研究生的活动不好组织，但其实研究生更需要我们用活动将他们凝聚起来，没有共同的活动就没有共同的记忆，只要我们用心去做，简单的活动也可以大有成效。通过上述活动，我们融入了学生，让学生们感觉到我们与他们是在一起的。法学院师生间"情感共同体"逐步的构建，为我们的工作开展奠定了坚实的基础。

"我要把简单的活动做得很精致。"

问：这些生动有趣的品牌活动给了师生一个互动的平台，不仅可以增进同学之间、师生之间的交流，还拉近了彼此心灵的距离，加强了对彼此的信任感，确实是构筑情感之基的好方法。除了上述活动外，我还听说了法学院团委的"学长制"活动，能给我们详细介绍一下吗？

答：好，我们法学院的"学长制"从2004年开始酝酿策划，2005年正式实施，迄今已经有7年的历史。构建师生"情感共同体"是法学院"学长制"的核心理念。一般是从本科大二、大三年级中选出品学兼优的学长，以宿舍为单位，一个学长负责一间宿舍，对大一的新生进行指导和帮助。希望在学生之间、师生之间实现情感交融，最终使大家找到归属感，与"学术共同体"相互促进。

法学院"学长制"以"缘"为主线贯穿着系列活动，我相信人与人的相聚、相识是一种缘分。正如"前世的五百次回眸才换来今生的一次擦肩而过",也如张爱玲所说"于千万年之中,时间无涯的荒野里,没有早一步,也没有迟一步",茫茫人海,大家来到同一个院系学习当然也是一种缘分。为了让学生把握和珍惜这份"缘",我牵线搭桥,把"学长制"作为"缘"之舟,承载着师生尽情遨游。

法学院"学长制"品牌活动分为三个篇章:"缘起"、"缘聚"、"惜缘"。包括"九个一"的品牌活动:一见如故——"破冰"新生训练营,一卡传情——制作学长寄语卡,一约定分——制定宿舍公约,我与学长的一张相——摄影大赛,我与学长的一份题——答题活动,我与学长的一盘饺——冬至感恩活动,我为学长进一言——专题调研,大一学长陪我同行——征文活动,欢聚一堂——法学院学长论坛。除了学院层面这"九个一"的"规定动作"外,也充分发挥学生的主体性,由学生结合自身实际,以《倡议信》形式"自选动作",为学长在不同阶段有重点地开展工作建言献议。

我要把简单的活动做得很精致。在法学院创立"学长制"之初,可谓"人无我有"。目前,我校大多数院系都以各种方式不同程度地采用了"学长制"的活动模式。法学院"学长制"则做到了"人有我优":在构建师生"情感共同体"的核心理念指导下,不仅有富有成效的系列品牌活动,还有成体系的制度保障。名不正则言不顺,2009年,我们在学院团委专设"学长部"负责学长制的日常运行与管理。这使"学长制"的运行有了常设正式机构的保障。此外,法学院"学长制"还有一系列的制度安排,如学长招募制度、培训制度、活动管理制度、考评制度等。其实,学长也是老师的分忧者、师生关系的促融者,他们能把很多问题、矛盾化解于无形,为老师减轻了工作量。

"'行不言之教',构建师生间的'人生共同体'。"

问:"学长制"还能使新生在到校的第一时间直接感受到学院的帮助与温暖,无形中使他们树立了对学校和学院的认同感与归属感。

答:对,"学长制"的相关活动,让学生们有更多的机会融入集体,为营造一个温馨、和谐的法学院"情感共同体"奠定了坚实的基础。

问:这似乎是一个润物细无声的过程?

答:"行不言之教",这是我的另一工作信条。如果说,"筑情感之基"是通过构建法学院师生间的"情感共同体",使我们融入学生,那么,"行不言之教"就是通过构建法学院师生间的"人生共同体",让学生融入我们。

高校辅导员应该是学生的良师益友。古人云:"经师易得,人师难求。"真正的人师,同时也应该是学生的益友,与学生在情感、智慧的互动中共同成长。此外,我还希望自己对学生的启发思考是对这个世界与人生根本性问题的追问,更重要的是,在生活体验中思考,在思考中体悟生活。正如冯友兰先生所说:"哲学不仅是知识,更重要,它是生命的体验。"同学们可能不一定相信我们说的话,但他们会被我们自身的形象、行事的方式、生活的志趣所深深影响。这就是生命体验的互动。我希望自己能做一个热爱生活、善于启发的"思想型辅导员",从更高层面的思想上引导学生,行不言之教,与学生在生活中相互融入,引起共鸣,共结"人生共同体"。在这一意义上,辅导员是比专业课教师更接近于师道的美好职业。

"辅导员首先是个教育者。"

问:我们还想听听您对辅导员这一角色的定位。

答:辅导员作为一个高校学生教育管理教师,首先是个教育者。作为教育者，其角色定位是明师、益友。其次，教育管理教师还是个管理者。作为管理者，其充当的是人际角色、信息角色与决策角色。在这些角色中，作为教育者的角色是最重要的，管理最终是要为教育服务的。

问：回首您10年的辅导员生涯，您觉得做好辅导员工作最基本的是什么？您是带着一种怎样的心态去做的？

答：带着对学生的深厚感情去做工作是取得工作成效的最基本也是最关键的一点。我的体会是：真心付出，真诚关心、帮助、引导每一个学生成才、成长，肯定能获得学生的认同、支持和爱戴。只有当学生真诚地感谢你，当学生因你的工作而有所进益的时候，你才能省悟自身及这一工作的价值。我想，如果你从事辅导员工作而没有感动过，那你肯定没有把工作做好！

"辅导员工作任重而道远，不妨苦中作乐！"

问：确实，在整个谈话的过程中，我深深地感受到陈老师对学生的真诚付出，对学生工作的热爱。但很多人都说学生工作事务繁杂，很苦很累，有时还不被理解和支持，您有过这样的感受吗？

答：许多事情，也要有一定的人生经历，到一定的人生阶段才会有所体悟，我期待着终有一日，迷途孩子的回归。

在我看来，辅导员工作任重而道远，不可谓不苦，但它同时也是我们的独得之乐，人生就是如此，苦与乐也就只是一纸之隔，且让我们捅破这层窗户纸，不妨苦中作乐吧！孟子曾言："君子有三乐，而王天下不与存焉。父母俱存，兄弟无故，一乐也。仰不愧于天，俯不怍于人，二乐也。得天下英才而教育之，三乐也。"我总结一下自己10年来的历程，也有"王天下不与存焉"的三乐：辛勤工作得到学生的认可与感激,此一乐也;辛勤工作得到同行的支持与激励,此二乐也;辛勤工作得到组织和领导的肯定与表彰,此三乐也。

"大学生需关注自己心灵的成长。"

问:陈老师,根据您这么多年的学生工作经验,您觉得我们大学生应该如何更好地成长?

答:大学生除了具备安身立命的本领,还需要关注自己心灵的成长。当下的社会环境需要我们坚守一份超越现实功利生活之外的精神追求,要有所信仰,有所敬畏,要有赤子般信人不疑的善意、为所当为的勇气和聚精会神的能力。只有这样,才能使自己的灵魂得以安顿,精神获得愉悦。"穷则独善其身,达则兼济天下",中大学子除了专注于自我的发展,还要怀揣兼济天下的情怀,还要有"为社会福,为邦家光"这样的"小小野心",要尽自己所能为周围的人群、为这个社会作点或大或小的贡献。

问:最后,我们还有个不情之请,能不能请老师赠我们一句话以示鼓励?

答:回归传统,回归自我,回归自然!

【采访后记】

注重个人修养与学生心灵成长的陈建存老师,将"筑情感之基,行不言之教"奉为自己的工作信条,他用宠辱不惊的平和心态、心和神宁的精神境界和独特的人生感悟感染着他的每一位学生,让学生在浮躁的生活和枯燥的学习中得到几分心灵小憩。他想写一本书,讲述自己10年的心路历程,虽然这本书尚未提笔,但他已在实践中为我们的大学生活展开了一幅别样的青春画卷!

校友篇

殷殷深情,桃李芬芳
——校友回忆长卷

耕耘岭表,厚植慧根。作为中山大学最早创办的院(系)之一,中山大学哲学系一直秉持着"博学、审问、慎思、明辨、笃行"的校训和"尊德问学"的系风,培育着各式人才。恰逢90周年校庆,为表莘莘学子的感激之情,我系学生积极展开联系,奔赴各地,采访了近50名校友,共同推开了当年学生事务管理工作的时间之门。

岁月静好,年华无伤。在这一篇章里,你将真实体会到,宝贵的情谊不变,坚定的志向不息。无论是为民服务的政府工作人员还是醉心学术的学者教授,毕业1年也好,毕业30年也罢,阅历在增,岁数渐长,不变的永远是中山大学学子的情怀。

给我一个支点,我将撑起一个世界

——谈谈课内外协调和班干经验

撰稿人:龙舒婷

问:请问学长/学姐念大学时参加过社团活动或者担任班干部吗?您在课余一般做些什么呢?您觉得参加社团活动对您有什么影响?您认为现在的大学生应该如何处理参加社团活动和学习的关系?

赵雪伟(现就职于珠海市香洲区区委办):我当时参加了雁行社,在心理健康教育咨询中心勤工助学了一年,觉得学到的东西差不多了,就退出了。在这一年里,主要工作是接电话、服务学生,学会了最基本的语言沟通,同时也拿到了一份工资,知道做事不能随着自己性子来了。这对我后来在机关工作帮助很大。因为在机关里面工作,做事情不能跟着自己的情绪走,要学会尊重他人,别人不需要理会你的情绪,更没必要因为你的情绪迁就你。后来加入学校合唱团一个多月,在里面,老师教练发声,一个星期练两次,后来觉得辛苦,就没去了。但发现自己原来唱歌还可以,突然开窍。现在单位庆典,都可以上台开嗓子唱一唱。这样的话,能让一些领导认识认识自己,就给了自己以后的发展多一些机会和空间。现在了解到学校每年开学的时候都会有"百团大战",有很多新同学参加,这样很好,可以在社团里面锻炼自己各方面的能力、锻炼自己的胆量,这对以后工作都是很重要的。

许保家(现就职于深圳市司法局):我有参加社团活动。与现在大学可以自由恋爱的风气不同,那时候,中山大学是明文禁止在校谈恋爱的,所以学习之余,社团便成了我们大学生活的一部分。我是学校社团的活跃分子，曾经是校学生会宣传部部长、校团委宣传部部长、《中大学生报》的主办人和广播台的创办人之一。社团对以后工作是可以有很大影响的，我觉得，优秀的学生不仅是学习上的好手，也应该是校园活动的活跃分子，二者并不冲突，甚至可以相互促进，真正好的学生应该是全面发展的。

黄立生（现任广州市天河区建设和水务局党委副书记、纪委书记）：有些社团活动确实是好东西，你们要懂得分辨识别，选择参加一些对成长有益处的社团。

林明瑶（现任广东省专用通讯局局长）：我们当时班里分成8个大组，我大一的时候是组长，大二是副班长，大三是班长。当时我主张在班里实行轮流管理制度，管理好班里的内务工作。开始宿舍没有保洁员，因此，厕所、楼道、宿舍都比较脏乱。那时候我规定每个宿舍每天轮流打扫厕所和楼道的卫生，并且每个星期选出一名同学检查卫生，好的宿舍挂红旗，不好的宿舍挂黄旗，不出一个月，班里的内务工作成为全校最好的，并且得到学校的表扬，后来还被评为全国优秀班集体。广东省就只有一个名额，就是我们班，我代表班里的同学到北京领奖。当时班里的凝聚力很强，风气很好，同学间感情也好，互相关心，要是有同学病了就轮流到医院照顾。回想起来，为同学、为班集体，我做出了挺多牺牲，但我在职务和学习之间平衡得很好。

做人做事要有主次之分，什么时候该做什么就去做什么。在大学的主要任务是学习，社团工作能开阔视野、积累经验。但是不能因小失大，要有主次之分。要把基础打好，把专业学好，大学的时间很宝贵，要懂得珍惜，做好自己的工作，学习要讲方法，提高学习效率。回想当年，我真的很珍惜学习的机会。由于经历了10年动荡，浪费了多年的学习时间，我觉得必须把10年动乱浪费掉的学习时间补回来，真心觉得要为中华之崛起而读书。虽然你们听起来可能认为有点老套，但是我当时就是这么想的。我不知道现在的大学生对于学习是怎么想的，我自己当时就特别珍惜这次来之不易的学习机会。举个例子，当时中山大学就只有一个图书馆，不大，大概100来个位置，7点半开门，6点左右就要开始排队了。说真的，现在想起来，特别怀念当时学习的那股劲儿，每天都坚持学习、看书，没有争名夺利，一心只想着好好念书。当时校园内个人主义的东西比较少，集体主义的东西比较多；追求精神层面的东西比较多，物质方面的追求相对而言更少。现在不一样了，现在是恰好相反。当时的学生学习自觉性很高，基本上不需要别人的管理。现在的学生的学习更多是为了物质上的追求，这样的学习很难静下心来，容易浮躁。一定要珍惜最后几年学习的机会和时间，出来工作后没什么机会能静下心来学习了。

罗宗毅（现任中央党校校委委员、培训部主任、研究员、新闻发言人）：我们当时有很多活动，但也是在摸索中逐步开展的。首先是学生会，这是团体的。除了学生会还有很多文艺社团，如诗画社。那时的学生们很有创作激情，而且创作能力都很强，创办了很多杂志，很多学生都在上面发表习作，这些人后来都成了作家。其次在运动会方面，活动也很多，学生们经常锻炼身体，我们班还经常组织球赛。很多学生在运动会各项比赛中都有不俗的表现。那时我们还经常组织一起看电影，不过不像现在是在礼堂里面，那是在足球场，是露天的。下雨的话，就撑把伞，场面也是颇为壮观的。另外，有一些学生举行的舞会，这种文艺活动非常精彩。还有难忘的军训活动，全班同学都参加军训，都挺严格的。军训就是要吃苦，要培养坚强的意志。

班干部也有，当时也有学生会，比较活跃的就是文工团了。当时在文工团最出名的就是现在的李萍副校长了。平时我喜欢看看杂志，当时中文系办了一个叫《红豆》的刊物，我基本每期都看。

罗蓓君（就职于中铁西南投资有限公司）：如果说学习哲学培养了我良好的逻辑思维，那么社团的生活给了我一个舞台，让我可以把逻辑思维运用于实践。

自己在参与社团工作时学会了如何在公开场合进行自我的塑造，学会如何在面对一件事情时与别人合作来处理问题。我自己原来是一个很胆小的女孩，并且有些不善言辞，甚至显得有一些木讷，但是加入社团后，我开始试着更好地与人交流。和不同的人采用什么样的交流方式更好等，都是在参加社团的时候潜移默化地摸索出来的。"人的潜能是被逼出来的"，我的性格就是低调内向的，但是经过社团生活之后，逐渐变得开朗大方起来。其实学会"吹牛"也是一件本事。

黄启乐（现任广东省委党校行政学教授、硕士研究生导师）：那时候我们经常举办活动，文体活动就更不用说了。我们的课程主要集中在早上，下午的课不多，一般4点前就结束了。大家都很喜欢锻炼身体，跑步、打球，班集体还经常组织球赛。当时，我们班的文艺演出是全校闻名的。我们班人才济济，同学中有擅长小提琴、大提琴、长笛、木管、风琴、吹号的，因此，我们班一出节目，就备受关注，吸引很多人前来观看。因为我们班的演奏表现突出，所以很多人都被招进了文工团。在一些大型节日，学校都会举行文艺会演，我们就经常出节目。中山大学很注重与外界的交流，经常与国外一些大学进行交流。在小礼堂举办宴会的时候，他们在下面观看交流，我们就在旁边演奏轻音乐。

高奇（现为全国人大常委会办公厅正局级干部）：社团活动总的来讲没有你们现在活跃，可以利用的条件也比较少。而我们入学年龄比你们现在的平均年龄要大得多，我入学时是22岁，算是中等偏小的。许多人都已经有工作和社会经历，特别痛惜以前失去的学习机会，所以当时发奋的程度是很强的，只要有一点时间都拿来学习了。除了学习还是学习，课外的活动并不多。

我记忆比较深的是当时的中文系有个叫《红豆》的刊物，全校同学都可以往那里投稿。哲学系本身有自己的足球队、篮球队，也有自己的乐队。我们班有的同学在入学前是县文工团的，小提琴拉得非常好。我们还有集邮协会，办过展览，我当年也是集邮爱好者，还从香港的一个"世界邮票交换中心"换来一大堆花花绿绿的外国邮票，当时也挺开眼界的。那时校内没有体育馆、游泳馆什么的，唯一的露天游泳池开放时间有限，通常是人满为患，所以去校北门外的珠江边"游野泳"。现在想来，危险系数还是挺高的。当时还组织过郊游活动，有全体参加的，也有分组行动的，后来还组织学刚刚时兴起来的交谊舞。我们在校的时候赶上中越自卫反击战，有伤员住在南方医院，我们还组织去慰问伤员。

谭广洪（现任《家庭》杂志社执行总编）：那时候肯定没你们那么多社团，不过还是有的，我记得最有名的是"毛泽东思想文艺宣传队"。我给你们"爆料"，你们的李萍书记就是我们当时的副队长。以前叫宣传队，后来好像叫校舞蹈团，非常有名。他们经常有些校级演出，最有印象的是他们跳西班牙斗牛舞，但不是我们班的同学跳，是他们舞蹈团的一个女孩，我们都知道的，是地球科学系的，她跳西班牙斗牛舞特别棒。

谢建年（现任广州海关党组成员、副关长、二级关务监督）：参加适当的社团活动很有必要，它对日后做好行政工作、处理好人际关系很有帮助。有社团经历、当过学生干部的同学到行政单位后上手快，可少走些弯路。但是，也不能过度，读书、上课还是要放在第一位。

朱静君（现为广东工业大学社会工作系主任、副教授）：我认为学生要在大学期间参加学生社团，如中山大学原来的"巧青社"，让女生学女红，为新女性提供"刚柔并济"的机会。和现今的学生社团相比,当时的社团规模很小,种类也不多。我在校期间便参加了文工团,做制作道具的工作。虽然如此,对于以学习为基本任务的大学生来说,不能过分投入社团。而且目前学生社团"争先创优"的风气不可取,很多社团抛弃了非官方公益社会团体的性质,变得功利化了。

黎岳梁(现就职于广东大沿海出版工贸公司):人是社会动物,人之所以区别于动物,正是在于人有思想,懂得筹划生活。大学4年可以做什么呢?第一,可以听到很多高端的老师谈如何来看问题和分析问题;第二,可以泡图书馆和自习室,不断充实自我;第三,可以结交各个层次的朋友,建立自己的社会人脉网络,这些对你今后的发展,甚至对社会的发展都是有非常重要影响的。然而结交这些朋友靠的是什么呢?你的社交能力。大学4年是你参加社会活动、积累经验的重要时段,而且出现错误时不会付出太大的代价。所以,学习和参加社会活动都非常重要,那我们怎么能有这么多的时间兼顾两者呢?一句话,就是节省谈恋爱的时间。大学恋爱的成功率较低,所以在大学阶段不适宜花过多时间在谈恋爱上。我认为你们真的应该把时间放到学习和社团活动上面去,虽然两者都很重要,但人的精力总是有限的,大学生最重要的还是学习。

王韶松(现任广东省监狱管理局政治部人事警务处处长):我们当时并没有像现在的大学那样有这么多社团,有文工团,还有田径队,当时我参加了中大田径队。学生自己也有组织一些。当时我们班就有一个自己组织的社团,大家还开玩笑叫做"散步协会"。"散步协会"里年龄比较大的一些同学,吃晚饭以后一起去散步,年轻一点的就组成一个足球队,大概4点半下课后就去踢足球。当时的运动场非常拥挤,玩的地方都找不到。

就我们当年的情况而言,我觉得参加适当的社团活动不会影响学习。我们当时下午参加完训练,晚上就学习。我们一般

4点半开始参加训练,大概训练到6点钟,然后回到宿舍,吃完饭,就赶紧往图书馆去了。总的来说,我们当时的学习和生活都很有规律。你们现在的社团要做的事比我们当时多很多,但只要懂得取舍、协调,我觉得两者并不矛盾。

学校是个大舞台，演员丰富多彩

——谈谈班级管理和辅导员制度

撰稿人：龙舒婷

问：学长/学姐能为现在的班级管理工作提点建议吗？你们当时有辅导员吗？您觉得辅导员和班干部在学生管理方面应该担当一个怎样的角色呢？

林明瑶：首先，班里要有良好的风气，在良好的风气里面，学习才能好、生活才能开心。再者，辅导员要做事公道，以身作则，做好表率，敢于表扬，敢于批评，敢抓敢管。因为火车要跑得快，还是得靠火车头。班干部要为同学做实事，既然同学选了你出来，你就要为班集体着想，看看哪些没做好的，要设法子去改变。

田宇（现任广东省文化传播学会副秘书长）：我们班的同学当时的年龄和社会阅历差距很大，系里和学校感觉要管好我们这一群人并不容易，于是就把我们当中曾"上山下乡"的这些人挑选出来作为骨干，以老带新，党员、团员要起模范带头作用。团支部也组织了很多活动，凝聚了大家的心，聚人先聚心嘛。所以整个班的氛围比较好。我比较赞成老子的"无为而治"，但是要适当地采取一些方法，要因势利导，不要搞太强迫的事。那个时候由于改革开放，全国都处于一个思想解放的过程，整个学校的学习风气非常好。特别是我们这些经过十年动乱的学生更珍惜这个学习的机会。所以呢，这一批老的（同学）学习成绩都很好，这无疑带动了那些年纪比较小的，所以学习风气好，纪律也加强了，在学校各个方面的表现也比较突出，我们整个班在三年级就成为全国先进集体。那个时候文娱活动并不多，而且学习也很紧张。回到宿舍，有时候到熄灯时间，还要到各个房间督促大家熄灯，要不然大家都还在看书学习。有些人一吃完饭，就到图书馆抢位置。当时我们班有一个叫做"青年黑格尔"（诗歌）社团的组织，五六个人，这些同学很有冲劲的，经常探讨学术内容。

黄启乐：当时学校管理是比较严格的，但是我们都比较自觉，没有人去触犯规章制度。一方面是因为班里很多人是工作一段时间后来读书的；另一方面是这个机会实在是很难得，所以一门心思就扑在学习上。当然我们班也有应届生，最小的是1961年出生的。我们班是一个很团结的班集体，现在有什么活动还是一呼百应。比如系里的老教师退休后没活动经费或者学弟学妹经济比较困难需要资助，大家在班干部的号召下，都能够踊跃拿出钱来资助，这是我们团结的一个体现。

李山金（中山大学哲学系 78 级校友，曾任职于政府机关，现已退休）：我觉得那时的辅导员类似于中学的班主任，管学生的学习、思想、生活这些方面，还负责写评语，以及学生毕业的工作分配等方面的工作。对班级日常生活来说是班干部比较重要的，但对于个人前途来说是辅导员比较重要。

黄立生：当时我们班上的同学自我管理能力都非常强。印象中，辅导员经常来宿舍查看学生情况，但基本不需要管我们的学习和生活，而是主管思想政治工作。

我以为，设立辅导员是为了弥补院系管理、教师教学等方面存在的不足，辅导员的定位是做学生的思想政治工作，当然也包括处理学生的各种学习生活琐事。在我看来，辅导员的很多职责，班长也能干，并且应该干。班里还设有党支部，也能管思想政治工作。但你们现在的情况和我们不一样，我们当时班上同学年龄相差很大，最大的 32 岁，已经很成熟了。他当班长，负责出谋划策，我们都基本听从和认可他的意见。现在你们年龄都差不多，独立能力和处理事情不够成熟，班长权威和号召力相对较弱，况且班干部也有自己的学习和活动任务要处理，全权负担未免工作量太重，所以需要一个比较成熟的人来当辅导员，做思想工作。从这个角度讲，辅导员是很必要的。

谢建年：我们当时是叫政治辅导员，是黎洁华老师，和我们的年龄差不多，工作非常细致，对我们严管厚爱，和我们建立了深厚感情，听说还有好几个年龄较大的同学暗恋过她呢！现在我们每次同学聚会都邀请黎老师参加。像张华夏、冯达文等多位哲学系老师也和我们保持很密切的联系。

巫颂平（现任广东省纪委常委、省政府纠风办主任）：我们当时的老师比我们还小，比我小4岁，她在连队当过副指导员，有一套管理班级的办法，她将班委、支部的干部选好，让他们来起作用。班里的干部用年轻的，组长用年长的。因为，班干部年轻点，带领的班级都比较有朝气，而组长有经验，组员才会听他的。当时我们班被评为全国的优秀团体。当时班里搞的也比较活跃，组织去肇庆、深圳走走，然后经常有篮球、足球比赛等活动。总的来说，我们的辅导员还是很有智慧的。

叶侨健（现任广州中大控股有限公司（产业集团）副处级调研员）：我们跟你们不太一样的地方就在于我们大部分都不是应届生，都是在工作岗位上工作后再来读书的，所以几乎都是自己管自己，基本上不需要辅导员。

我们当时遇到问题，大部分都是自己解决、自己调整。这方面的需求一直都有，但现在更多的是专业的发展和细化，现在的问题可能比以前多，有些学生会主动去找心理咨询谈，这些人都是要有专业素质的，去倾听别人的倾诉，都是一些非理智的东西，要帮助别人去排解，先倒出来，再去开解、开导，我也很愿意倾听别人的倾诉，很多朋友也愿意跟我说，可能我比较会听别人说话。现在的话，可能很多人会觉得跟辅导员谈不太方便，便会去找心理咨询，以前往往是自己闷着，过一段时间就好了，现在大多数人觉得自己想不通时就会主动去找别人谈。现在的社会压力比以前大，以前读书之前工作过，对人情世故都比较了解，苦过了再碰到生活等方面的艰苦就会觉得也没什么了。

周炽成（华南师范大学政治与行政学院教授、政治系主任）：我们当时有辅导员，但很少管我们。我觉得辅导员应该在学生生活方面多提供帮助，多在生活上提供指引，并在学生就业方面进行辅导。现在的辅导员体制很有特色，但一定要发挥作用，这是很重要的。

朱静君：提及目前高校的辅导员，我认为其行政事务过多，而在学生工作方面有所欠缺。在我看来，若学生能遇到一位好老师，便很有可能改变自己的一生。大学期间，作为老师，辅导员与学生交流最多，因此辅导员要有社工意识。对于贫困学生的辅导，除了要考虑资源的分配问题，更重要的是对学生人格、人性的尊重。我认为不能抬头看人，也不能低头看人，应该平等对待每个学生。这是对每个老师的必然要求。对每个学生，老师应该跨越喜欢与不喜欢的界限。师德首先建立在"大爱"上，其次才是教书。我曾在校获得"学生最喜欢的老师"的称号，但我认为仍然要谦逊。因为做好一件小事容易，而脚踏实地把所有小事都做好是相当不容易的。

王韶松：辅导员管理党团组织，组织我们开展一些活动。当时也没有心理辅导，都是靠自己调整。我们那个班的应届毕业生只有两三个，绝大部分是在社会上工作了一段时间的，工农兵都有。报到时，有直接穿着军装来的，有从农村来的，有从工厂来的，也有从机关来的。各种各样职业的都有，甚至有些同学的年龄比辅导员的年龄还大。辅导员当时是个比较年轻的女老师，曾经是个工农兵学员。虽然当时有的同学年龄比较大，但是大家都非常尊重她。

哲学是一种生活方式,我的哲理人生

——谈谈大学生成长和自我管理

撰稿人:龙舒婷

问:学长/学姐,您认为大学最重要的是什么?哲学对于你们的人生有什么影响?如何解决专业就业问题?对于即将步入社会的大学生,你认为他们需要怎样的能力和素质才能更好地面对未来的生活和复杂的社会呢?

赵雪伟:在大学期间,最重要的是要明确自己追求的目标,一步一个脚印,围绕着这个目标锻炼好自己的能力。要想清楚自己喜欢的是什么,要锻炼与自己未来的职业相对应的能力。关键的不是自己的专业,而是自己的能力。

哲学训练了自己的思维,看问题的角度跟别人往往不一样,自己的反应可能会快点,出来社会以后适应能力也很强,我觉得这些都是哲学对我的影响。

许保家:真正好的学生应该是全面发展的。

我非常喜欢哲学,哲学教会了我们如何读书,如何思考。

找工作也好,干别的也好,人生观是很重要的,而学习哲学就给我们一个很大的启示:它给我们提供一个武器,这是哲学的武器,给我们带来了思辨的能力。

林明瑶:大学最重要的是学习基本的待人处事的方式,虽然大学生的人生观、世界观基本确立,但是在大学里面最重要的还是学习基本的待人处事的方式。大学的学习主要是打基础的过程,是对思辨能力和哲学修养的培养。至于本科学习具体实用性的知识,并不足以成为在社会中赖以生存的事业的基础,学习是不能搞实用主义的。个人认为,本科最重要的是对思维能力的锻炼以及待人处事方式的学习，侧重于对大学生人品、人格和能力的培养。例如，哲学学习三大规律和五大范畴，在分析问题的时候亦能应用到，可以更好地解决问题。最简单的透过现象看本质，如果你没有把握本质的角度，就比较容易被表面的现象所迷惑。把握了本质和基本的规律，把小东西排除，把核心的线索抽离出来，就有"一览众山小"的感觉。

大学是先培养"人"，再培养"人才"，不应该以就业为唯一的指导。哪怕你专业不对口，你的基本素质在那里了，那么你就有学习的能力，只要有了学习能力就不怕专业不对口。专业其实并不是真的特别"专"的事情，例如，我有一个同学，他之前是学中文的，现在他照样可以当行长。专业不对口的知识都是能学的，所以只要你有学习的能力和基本的素质，就不怕学不来。要有信心。

对于能力方面，一定要有"三会"，即会做、会写、会讲。"三会"最为重要，是一个大学生综合素质的表现，写是内在的基本的东西，讲是外在的表现，做讲究的是行动力。因此，作为即将踏入社会的大学生，必须锻炼好写作能力、表达能力以及解决问题的思维能力。无论你是选择进入事业单位还是机关单位，都需要你会写。你会写了，就是你最大的竞争力。现在社会对写作能力的重视，也就是为什么中文系的就业情景比较好的原因。我个人认为，现在真正能写东西的人不多，所以写作能力是必须培养的，有时候即使有自己的想法却不能用自己的语言表达出来，相当于这个想法没有了。因为不能分享，不能传达给别人的思想只属于自己，那么这种想法的意义就不存在了。现在很多人看东西短而快，看了很多东西，看完了就扔下了，也不会静下心来好好把想法写出来，总结一下。其实这对于锻炼我们的逻辑思维，是很有优势的。

除了能力之外的，我想进一步提醒的是，在社会立足，学生们必须学会认真踏实，吃苦耐劳，助人为乐，乐于奉献。这样的人无论到哪里都是讨人喜欢的，都是吃香的。现在很多人缺少奉献精神，在社会工作，与人相处，都不要怕吃苦。我刚进入机关单位的时候，每天都提前到达办公室，擦桌子、扫地、搞卫生，把一整个办公室一整天需要用的热水从锅炉房打回来。虽然当时我是单位学历最高的人，但是却要从最基本的事情开始做起、开始学起。现在很多大学生，把身份和地位分得很清，你是搞保洁的，你是扫地的，我是比你高一级的，即使地上脏了桌面脏了就是应该你搞的，我看见了也不会去做，因为这不是我该做的。这种斤斤计较、自命不凡的态度是不可取的，做人要从低做起，要从基本的事情学习。相信金子总是会发光的，尽管有时会被埋没，但是沙子却永远不能发光。不要怕吃亏，不要想着投入多少就回收多少，要学会奉献。

另外，我认为父母有责任培养自己的孩子成为一个好人，不望子成龙，但一定要成为一个幸福的好人。然后，再培养孩子一定的能力，有能力养家糊口。

还有一点需要记住的是，机会总是留给有准备的人。多向过来人取经，这样进入社会就能少走弯路。作为一名父亲，我也希望自己的孩子能够遇到一些好人给一些好的建议，让他能少走弯路。刚出社会，是需要别人指导的，这就要求你们能有谦虚受学的心。

覃晓（现任广西医科大学第一附属医院肝胆、血管外科主任、大外科副主任）： 对学生来说最重要的是学。只有自己学到的东西才是自己一辈子拥有的。学的时候就要学得扎实，这些是你以后的立身之本。实习对学生来说很重要，在实习的时候能找到自己以后的目标，能发现自己以后适合做什么，所以一定要珍惜好实习的机会。我学习的时候我的导师跟我讲，外科手术的疗效都是立竿见影的，所以在走的时候都是仰着头走的，比较得意，而内科则是不根治，效果没那么容易看出来，走的时候都是低着头走路的。学的时候一定要扎实地学，多看书，还有就是要主动地学，要有主动性，有目的地学。现在有目标的人不一定能成功，但是没有目标的就一定不会成功。有人说搞外科手术有很大风险，心理压力很大，同时也太累了，对身体健康有很大的损伤。我对这些手术的场景已看习惯了，已经一点都不害怕了。面试的时候也是，很自信地就说我不怕，这样领导就会欣赏你，相信你有这个自信去面对一些问题，相信你可以为工作、为自己的理想抛弃恐惧感。

高奇：第一，做学生要以学业为重，大学生活的一切快乐都是建立在学业完成得好的基础上的，哪怕做别的事有短暂的快乐但都不是真正的快乐。大学不在于你学到什么知识，学的是方法，但这两者间是不能割裂的，学方法也要在知识的积累中领悟的。

第二，在大学期间一定要结交几个同学知己，他们是能在以后的生活中影响你、帮助你、和你沟通交流的朋友。大学的环境比较单纯，人也比较纯真，理想的色彩浓厚一些，功利性的东西淡薄一些，这个时候的友谊能保持得更长久、更真切。一旦踏入社会受到某些东西的熏染，许多人的人性就会变得扭曲，人会变得功利，这时碰到的多是事业上的伙伴、官场上的同事，很难成为交心的朋友。

第三个绕不过去的问题，就是当下的大学生谈恋爱的问题。现在这事在大学里已经不是新鲜事了。我们上大学时，学校规定不许谈恋爱。因为要考虑到毕业后的分配问题，大家也不敢轻易谈恋爱。这个话题比较复杂。有人不主张谈，有人觉得大学期间应当轰轰烈烈地谈。我只能说，既不要压抑感情，也要掌握适当的度。谈恋爱一定要掌握好一个原则：在适当的时候做适当的事。做早了，赶上了错误；做晚了，错误赶上了你们。如何把握好度，这是你们需要学习和锻炼的本领，以后也会非常有用。

巫颂平：我上大学的时候在抓好考试成绩的同时，也比较注重实践。读哲学有个好处，就是经过"上山下乡"的一些经验和自己的一些经历，大到国家大事，小到自己的事情，可以将它们联系起来。读大学除了拿到学位证书以外，重要的就是学到了这个东西：人生观。看待问题的方法，怎么做人，怎么观察问题，怎么看待是非，分析国家的发展，这是我认为对于我们这个年龄的人来说非常重要的东西。因此，大学毕业以后我一直是比较顺利的，4年后我就做到了副处级，38岁当处长。所以在大学里一方面是学到了知识，另一方面就是哲学教会了我怎么看待问题——当然除了干工作以外还有敬业精神等一些方面也有影响。但是从方法来讲，哲学是让我受益匪浅的。纪检工作是我们党的一项重要工作，监察是政府的行政监察，党政是在一块的。做好这些工作需要党务的知识、法律的知识。看这些问题、形势的思维方法和判断，办案的入手问题，透过现象看本质，怎么看主要矛盾等，这些都是哲学教会我的。除了事业的发展，精神的发展也得益于哲学的这样一种方法，使我受益终身。

黄立生：哲学可以指导一个人一生的工作和生活，是很有用的东西。哲学学科结论性的东西不多，但在学习过程中我们会慢慢形成自己的思维方式，这对日后处理工作很有帮助。哲学的作用就在这里。

对于毕业生，如果好高骛远，就永远找不到工作；如果扎扎实实从零开始做起，随时能找到工作。第一份工作要求不宜过高，做了再说。积累的社会阅历，本身就是一个资本，也许这个资本比4年专业学习还有用。

朱静君：我认为哲学能够锻炼一个人的思维能力，引导人生走向。哲学不是螺丝钉，它可以让我们站得更高，看得更远。在就业方面，哲学专业的毕业生若将目光放远点，便能知道哲学专业与工作没有不对口的。因为世界上的一切都与哲学相关，千万不能禁锢自己的思想。我认为，哲学改变了我的人生轨迹，使自己从一个小工厂的工人成为一位高校老师。

李力（现就职于广东鑫华投资公司）：人的思维能力比具体的学科知识更难以习得，所以要珍惜在哲学系得到思维锻炼的机会。

大学生的目标应该是培养能够推动社会进步的人才。

宁愿做一个安守本分的普通人，也不要做贪官污吏式的"成功人士"，不做违背良心的事，求得心灵上的宁静。

罗宗毅：哲学教给我们的是大智慧，学习哲学对我人生最大的帮助是培养一种辩证的、历史的眼光。当时学的时候也许没有特别深刻的体会，随着阅历的增加，我逐渐明白从"学哲学"到"用哲学"其实是一个内化于心的过程，也是一个互动的过程：从生活中提炼、总结经验，联系哲学知识，用总结出来的这套理论方法指导生活。我把它概括为一个"得知—得法—得理"的过程。

我认为哲学非常重要，对我的人生包括工作、学习都起到非常大的作用，这主要表现在辩证思考基础上思维方式的全面性、逻辑的表达以及做出判断的准确性上面。这些都是经过哲学系地训练的结果。刚开始学哲学，主要是书斋式的学习，接触的大都是比较枯燥的经典书籍，从理论到理论，从概念到概念，都是些学术性思想。它不一定让你聪明，但却会促进你的思考，这是生活不可缺少的。哲学的活的灵魂，在于怎样更好地认识世界和把握自己。这需要在生活中经常运用我们所学的东西，特别是要全面、深入、透彻地学习，这样才会终身受益。每次经历一个直面自己实质灵魂的过程，内心都会挣扎很久，但是这很值得。

我还想说说对教育这个问题的看法。教育一方面是智力因素的提高，另一方面是非智力因素——也就是品质的养成。品质的养成其实也是在做事中逐步形成的，做人和做事不可分割。这正是在和别人打交道、和别人接触的过程中,在考验的一步步升级中形成的。比如说你认为自己为人慷慨,可是面对晋升的机会,你也许就不会慷慨地让给别人了;面对生死,可能就更不会把生的机会让给别人了。因此,我们要学会利己不损人,同时不能对别人要求太高。

谢建年: 如果你立志毕业后要找与你专业对口的职位,那你首先要把专业学好,专业素质是入职素质的先决条件。作为基本素质或者说能力,现在来说,一两门外语、电脑知识和网络知识是必需的,此外,还要会写、会说、会分析、会协调、会沟通。如果你到党政机关工作,哲学基础更是必不可少,你有扎实的理论功底,你有科学方法论基础,你有过硬的分析问题和综合、归纳的能力,你肯定会工作得更出色、进步得更快。所以,我们学哲学是很有用的,哲学素质是入职素质中不能忽视的重要方面。我们学哲学是很有用的,哲学系出来的学生理论水平较高,辩证思维能力较强,观点提炼能力较好。

【采访后记】

"学哲学的人不笨",这句话出自校友郑世冰之口,让我印象深刻。因为这句话有着哲学人的简朴醇厚。"学哲学的人不笨",首先是学习哲学的人的思维方式所具有的逻辑性是珍贵的,这种做事的思维方式与态度将会给我们的一生带来益处;其次,选择哲学是这个时代的一个勇敢而睿智的选择。每个时代都需要学习哲学的人,正是这些"不笨"的人不断地思索,不断地前进,时代才能有所突破。在这个物欲横流的时代,能够保持自己心灵宁静的人永远值得我们尊敬。

学生篇

青青子衿，悠悠我心
——学生访谈荟萃

  学生，是高校最年轻最广大的群体，兼具自由的思想、独立的精神。作为主要接受者，大学生亲身经历过或大或小的学生事务管理，在享受成熟的管理机制带来的便利的同时，也对管理机制的改善有着浓厚的兴趣和强烈的责任感。因此，编者以学生事务管理工作为题，通过个人采访、访谈会、调查问卷等形式，获得各种声音并将其整理成册。

  在这一篇章里，你将从另外一个角度，细细咀嚼学生事务管理工作的成果，将慢慢品味出中山大学学子对学生事务管理工作的铮铮之言、拳拳之心。

访谈录一

受访人：公共卫生学院向同学
采访人、撰稿人：姜婷婷

采访人问（以下简称为"问"）：你好！感谢参与中山大学"专业与社会实践"项目的实践活动，我们将就"学术共同体视野下高校学生事务管理的反思与探新"进行讨论。请问你对学生事务管理工作是怎么理解的？

受访人向同学答（以下简称为"答"）：学生事务管理管的就是学生作风，比如平时上课的纪律，迟到早退、逃课这些，还有就业方面都要管。

问：你对你们学院的学生管理事务工作是否了解？是否和管理学生事务的老师打过交道？

答：我较少和辅导员打交道，但我的室友是学生助理，我们有时候从她的口中就了解到一些学生就业的信息。我自己没有主动和老师打交道。

问：对于那些不经常打交道的老师，是否知道他们的工作职能？

答：他们的工作职能就是管理本院（系）各种大大小小的事情，包括学习、就业、生活。辅导员像是个学生的大管家。其他方面的应该就是各司其职，有管理行政的，有管理教务的，有管理党务的。但是我和他们比较少接触，不了解。了解比较多的是辅导员，辅导员为我们提供解决问题的方法途径，具体问题由我们自己解决。老师们也比较忙，他们现在做得已经很好了。

问：学生处、研究生院、教务处、心理健康教育咨询中心、就业指导中心，你知道分别在哪里办公吗？有去过吗？去那里办什么事情？

答：不了解，也没有去过。

问：你觉得是否有必要设置专门的老师来管理学生事务？为什么？当你在生活中遇到某些难题时（如情感问题、经济问题）首先想到的是谁？是否想过向管理学生事务的老师（尤其是辅导员）寻求帮助？

答：不知道是我自己对这些部门不了解还是觉得没有必要，但是我没有遇到特殊事情需要单独找辅导员解决。辅导员一般会在找实习、评奖学金等事情来临前召集院（系）同学开会，告知事情的注意事项和具体流程。这种会议一般就能解决这些事件中遇到的难题。

问：你自己或者身边的同学是否有过找老师咨询的经历？

答：北校区有"心心热线"，如果同学们有什么心理困惑，可以打电话跟那边的老师和志愿者沟通交流。我们学院的辅导员也在那边当过热线的咨询嘉宾。但是身边的同学基本没有专门找别人开导。如果和辅导员比较熟悉，关系比较好的话可能会和辅导员聊得比较多，聊一下在生活上的不愉快、找工作的压力之类的。

问：你觉得你们学院的学生管理事务工作有需要改进的地方吗？

答：感觉我们学生不是很了解这些部门以及他们的功能、结构和具体的工作，他们的功能并没有发挥到实处，只是小部分人知道，管理者自己可以做一下宣传工作。平时不是很突出的同学跟老师交流得比较少，越是突出和活跃的同学和老师的交流越多。这也和老师的亲切感有关系吧。

问：如果你是负责管学生事务的领导，你会设置什么岗位来辅助你完成学生事务的管理？

答：一个辅导员管理3个年级还有研究生，工作比较多，希望至少一个年级派一个辅导员，这样的话，辅导员能更好地了解同学们的情况。现在人太多，如果同学不主动说的话，老师可能无暇顾及每个同学，而且有些同学也不会主动和老师交流。

问：你觉得什么东西是该管的？什么是不需要管的？

答：就业肯定要管的，学习、生活，都要管。现在学生工作的管理我还都能接受，但是有些同学会比较反感，比如寄送成绩单给家里、检查宿舍卫生这些。

问：如果把大学定位为给学生提供广博的知识而不是职业技能，你认为学生事务管理的老师应该加强哪些方面的管理？

答：对学生素质的培养，加强德育、文化素养。具体实施的话可以请名气大的专家来开讲座，北校区的文化讲座比较少，大多是医学讲座，这个可以改进一下。还有就是多举办一些文化活动，比如党员风采大赛就不错，不过我不会参加，因为没有才艺，如果有体育竞赛之类的可以参加，这个也因人而异。

访谈录二

受访人：公共卫生学院刘同学

采访人、撰稿人：姜婷婷

采访人问（以下简称为"问"）：你好！我们想就中山大学"专业与社会实践"项目的社会实践活动与你进行一次访谈。我们这次访谈主要是围绕学生事务管理这一主题进行。那么，可否请你谈谈你对学生事务管理工作的理解？

受访人刘同学答（以下简称为"答"）：我觉得学生事务管理可以包括就业方面——辅导员为学生提供就业方面的信息，只要学生问，辅导员都能热心地回答；学生心理方面——如北校区心理咨询中心下面的"心心热线"就是一个帮助同学解决心理方面困惑的组织；等等。

问：你对你们学院的学生管理事务工作的了解怎么样？例如，有多少个老师在从事这方面的工作？

答：因为我不是团学联的，跟老师也比较少接触，所以我知道的就是辅导员了。

问：是否和管理学生事务的老师打过交道？会因为什么事情去找这些老师？

答：就业的时候和老师沟通最频繁，平时我也很少见到有学生去找老师聊天。但是好像有个"家园有约"，每个星期有一位老师去那里，然后和之前预约的学生探讨一些人生问题，是一对一的交流，聊学业、就业、人生观价值观等问题，但是我好像没有去过，反正是听说有这样一个平台可以帮助解决学生问题。

问：你觉得辅导员的工作是什么？

答：帮助学生解决一些问题，比如大一的时候问题是最多的，我们的辅导员关老师起了很大作用的。那时候我们都对学校还很不熟悉，东校区又只有我们一个年级在，其他年级都搬回北校区，没有师兄师姐，所以有事情都去找关老师，关老师还是蛮重要的。自从搬回到北校区之后，因为之前已经习惯了独立，所以和师兄师姐的联系也不是太密切。回来之后杨老师很忙，要管理研究生，所以来了北校区之后辅导员的工作可能在大的方向上比较有作用吧，但是对学生管理一些比较细的方面就关注得比较少了。部分原因也在于我们并没有主动去找辅导员老师。

问：学生处、研究生院、教务处、心理教育中心、就业指导中心，你知道分别在哪里办公吗？去过吗？去那里办什么事情？

答：教务处我去过的，学生处以前在东校区也去过，对研究生院就不太关注。以前在心理健康教育咨询中心做过接线义工。就业指导中心没去过。

问：谈谈对管理学生事务的老师的印象。有没发生过什么事情使你对某位老师的印象比较深刻？具体是什么事情？

答：关老师。刚上大学的时候学生对一切都不了解，想象一下我们这个学院真的很特别，要在东校区待一年才搬来北校区，没有师兄师姐，刚来大学也没有熟人，什么都不习惯，所以我就感觉应该很多人都会找关老师聊，当时还有主题班会。关老师也给我们讲了很多，怎么样去适应大学，怎么样好好地度过大学这几年，所以我们就觉得这个老师很重要。

问：你觉得是否有必要设置专门的老师来管理学生事务？为什么？当你在生活中遇到某些难题时（如情感问题、经济问题），首先想到的是谁？是否想过向管理学生事务的老师（尤其是辅导员）寻求帮助？你自己或者身边的同学是否有过这样的经历？

答：有必要的。像我们专业在北校区有4个年级还有研究生，好多事情都要辅导员管理，太泛了，以至于他没有时间去处理小事情，都是去把握大的方向。所以这些老师很有必要，而且需要多一些老师来管理。其实也不一定是老师，也可以是管理学生事务工作的师兄师姐参与进来。你想一下，如果我们刚来的时候有一些帮助我们的师兄师姐的小组织，我们就可以定期召集在一起聊一些东西。所以，我们不可能把所有的事情都交给老师去弄的，他也没有那么多的精力去弄这么多的事情。

问：你觉得学生事务管理者（如辅导员和副书记）在你的大学生活中扮演着什么角色？你认为他们的工作对你的成长有帮助吗？他们的价值体现在哪里？

答：他们的价值就是给同学帮助，比如我们学院一个好处就是，在每次开学的时候或者考试之前都会有一些比较优秀的师兄师姐过来跟我们交流，教我们一些上课或考试的技巧，告诉我们每一门课程要怎么学，这样蛮好的。

问：什么是该管的？什么是不需要管的？

答：就业、心理、生活这些学生需要帮助的地方都需要管理。我们学院有一些玩游戏玩得很疯狂的学生，这些人就是需要开导的吧，不能让他们一直这样颓废下去。其实这样的现象一直存在，只是没有人来专门解决这样的事情。

问：你觉得你们学院的学生管理事务工作有需要改进的地方吗？

答：老师的精力有限，如果有一个师兄师姐的组织，可以让我们有什么问题跟他们反映，他们跟我们聊一下，也可以通过师兄师姐再跟辅导员反映问题。比如那些玩游戏的人应该也蛮想改变的吧，但是因为无法自拔，找不到方法，就只能这样，其实我觉得可以跟我们的辅导员聊一聊，得到些启发。现在的现象就是老师和同学间的交流比较少，很奇怪，同学们之间的交流也很少。听说华南师范大学是这样的，他们一个班级就有一个辅导员,辅导员不是老师,是高年级的学生。这样的话我就觉得就有更多的话题聊,老师和学生之间的距离感觉远,如果有一个师兄师姐管理一个班级或者几个宿舍,就能更好地掌握学生的动态、心理,把不好的情况反映给上面的老师。

问:如果把大学定位为给学生提供广博的知识而不是职业技能,你认为学生事务管理的老师应该加强哪些方面的管理?

答:老师要承担很大的引导的作用。你想一下,要把这里的大学生培养成不是为了考高分而学习,而是有素养、有思想的人,那肯定是要有人引导的,就需要管理学生的老师自己就很有修养,比如有人生导师,人生导师很重要。但是,我一直都觉得我大学都要结束了,也没有遇到对我比较有影响、有引导的导师。可能是因为老师也比较忙,也没有时间去细化到每一个学生;也跟我自己不主动,觉得老师很忙,怕耽误老师时间有关系。所以说,如果要达到这个定位的话,老师这方面肯定要做很多努力。还有就是大学定位和社会不一样,蛮难做的,社会大方向是一种利益导向的状态,大学要脱离这个背景还是比较难的,也要依靠社会风气的改变。但是也有一个问题,如果你作为大学,培养社会栋梁的机构,你都没有发挥作用,你要把这个责任交给谁呢?不能看着这个社会一直坏下去吧,所以大学还是要有主导作用,要去改。

访谈录三

受访人：社会学与人类学学院王同学
采访人、撰稿人：王萌

采访人问（以下简称为"问"）：你对你们学院的学生管理事务工作了解吗？例如，有多少老师在从事这方面的工作？

受访人王同学答（以下简称为"答"）：我比较熟的可能只有两个，一个是管研究生工作的，经常打交道；另外一个好像是管学生各种杂事、评奖的，学院有什么新闻都通过那边发。一般有事不是问这个就是问那个。

问：是否和管理学生事务的老师打过交道？会因为什么事情去找这些老师？

答：很少主动找老师，一般都是他们找我。

问：对于那些不经常打交道的老师，是否知道他们的工作职能？

答：不太清楚。

问：谈谈对管理学生事务的老师的印象。有没发生过什么事情使你对某位老师的印象比较深刻？具体是什么事情？

答：都还挺好的，如果有事请问到的话，他们知道的会说，但是大部分情况下去问了也没有太大的效果。他们知道的事情就尽量帮问，不知道的就建议自己去问其他部门。比如说有时候研究生的工作你去问老师，他会说他不清楚，你再去研究生院。学生最窘的是，研究生院会说你去问你们院的管学生工作的老师，老师又会说你去问研究生院吧。不过一般情况下最后都会解决。

问：你觉得是否有必要设置专门的老师来管理学生事务？为什么？

答：相当有必要。学生除了学习之外还有很多很多其他的事情，这些是上课的老师不能解决的，所以必须有这些老师。

问：当你在生活中遇到某些难题时（如情感问题、经济问题），首先想到的是谁？是否想过向管理学生事务的老师（尤其是辅导员）寻求帮助？

答：关于遇到的难题，我觉得很少会找到老师，特别是管学生事务的老师。虽然管学生事务的老师经常说，你们有什么个人的问题可以来找我说，但我很少听说有人真的会去找老师。有可能是还不习惯。

问：你自己或者身边的同学是否有过这样的经历？

答：我见过有跟这方面老师关系比较好的，可能他们之间交流会多一点，但这些同学还是挺少的吧。

问：你觉得你们学院的学生管理事务工作有需要改进的地方吗？

答：其实现在挺好的，如果没有其他重要的事情。不过这个是看学生的，本科生杂的事情更多一点；像研究生，一般没有特别的事情，不会通知你来做什么事情，挺好的。

问：你认为学生事务管理工作应该采用什么模式？例如，假如你是学院的领导，你会如何开展学生管理的工作？

答：现在有些辅导员是由授课老师来做，也就是班主任。班主任应该可以两方面同时兼顾的，在学业上是肯定可以指导的，而且据我了解，我们院有些年轻老师做班主任，跟学生的关系是很好的，课堂上帮助学业，课下会与学生交流人生问题、找工作等问题。

访谈录四

受访人：心理学系冯同学

采访人、撰稿人：王萌

采访人问（以下简称为"问"）：你对你们学院的学生事务管理工作有什么了解？例如，有多少位老师在从事这方面的工作？

受访人冯同学答（以下简称为"答"）：心理学系有两位。

问：是否和管理学生事务的老师打过交道？会因为什么事情去找这些老师？

答：是，一般是奖学金评奖这些问题。

问：对于那些不经常打交道的老师，是否知道他们的工作职能？

答：学生工作一般是党务，还有学生事务吧。

问：谈谈对管理学生事务的老师的印象。有没发生过什么事情使你对某位老师的印象比较深刻？具体是什么事情？

答：基本上是比较和蔼可亲的，没有其他很特别的印象，只有基本的印象。事无巨细，非常耐心、细心。

问：你觉得是否有必要设置专门的老师来管理学生事务？为什么？

答：有必要的，因为学生事务比较重要而且繁杂，有专门的人系统性地收集各种信息，解决学生问题会更有效率。

问：当你在生活中遇到某些难题时（如情感问题、经济问题），首先想到的是谁？

答：身边的朋友或亲人，老师是排到比较靠后的，因为觉得老师解决的是事务性的问题，而不是这么软性的问题，而且这些问题比较个人，一般不向老师寻求帮助。

问：是否想过向管理学生事务的老师（尤其是辅导员）寻求帮助？

答：不倾向于把他们列为首要的求助对象。

问：你自己或者身边的同学是否有过这样的经历？

答：有一些经济上的问题、家庭困难问题可能会找相关的老师来解决，去办理学费的减免、奖贷等问题。可能也有生活上的问题，比如宿舍的一些纠纷等。传统上，我们对老师和学生的定位是有一个很明显的区别的，认为不管什么类型的老师，都是一个知识传授者这样的角色，我们和他在私人生活上是没有联系、没有交集的。

问：你觉得你们学院的学生事务管理工作有需要改进的地方吗？

答：对于学生意识形态的引导要稍稍削弱一点，让学生有更多元化的想法，而不是用统一的意识形态来培养学生的想法。事务性就是事务性，而不是解决思想的意识形态的，也有单独从事思想意识形态工作的老师，这两块不要混杂。有专门的思想老师，而不应该和其他的学生事务混杂。学校应多设置一个老师或者思想老师。一个老师就管事务性的工作，另一个老师就有点像心理辅导的老师。

问：你认为学生事务管理工作应该采用什么模式？例如，假如你是学院的领导，你会如何开展学生管理的工作？

答：可能就是将这种职能分得更明确一些吧，这些学生事务管理的老师之间分工更明细一点，人手能够更充足一些，现在往往是一个辅导员管理好几个年级的学生，可能使他的工作不能够完全做到，可能他意愿上想做好，但是力不从心。一是增加更多的人手，二是职能更明细一些。现有的机构太小了，一方面学生不愿意找老师，另一方面学生没有把他们看成一个固定的机构、作为一个求助的来源。

问：你会设置什么岗位来辅助你完成学生事务的管理？什

么东西是该管的？什么是不需要管的？

答：我只能想到不该管的，像情感生活这些。老师不可能提供更专业的意见，但是他可以起到专家的作用，他不一定完全去介入，这样对老师的负荷也很大。班主任是学业上的指导，辅导员不能做到学业上的指导。班主任可以利用这种关系，来辅助辅导员来做他的班级的一部分工作，但是不能完全代替辅导员的工作。

访谈录五

受访人：中山大学地球科学系博士生余同学
采访人、撰稿人：黄冠文

采访人问（以下简称为"问"）：感谢你来接受采访，我们今天谈论的主题是"学生事务管理工作"，简单说来，可以理解为我们平常所说的"学生工作"。你对这个概念是怎样理解的呢？你认为什么是"学生事务管理工作"？

受访人余同学答（以下简称为"答"）：我觉得学生事务管理包括院（系）行政管理人员对学生学业及周边事务的管理和服务，以及学生对这种管理和服务的需求和配合，是师生间的互动，是一种循环。

问：对，重点也还是在师生关系上面。我个人认为学生事务管理和其他管理工作的最大不同在于，管理者和被管理者处于师生关系之中，这意味着管理者的工作目标不仅是做好指定的任务，还要从老师的身份出发去关怀学生的身心发展。既然大家都谈到了师生关系，那么作为学生，你对自己学院具体的学生事务管理工作情况有多少了解？会因为什么事情去找这些老师？对于那些不经常打交道的老师，是否知道他们的工作职能？

答：我对我们地科系的学生管理事务工作还是比较了解的，毕竟在那里待的时间比较长。我们系大约有10多个老师在从事这方面的工作。由于业务分工的原因，我和某些老师常打交道，和其他的老师就接触得不多了。具体说来，我和分管研究生教学工作的老师、管设备的老师以及系办公室主任接触得比较多。对于那些不常打交道的老师，我也基本知道他们的工作职能，如辅导员。

问：那么，能谈谈对管理学生事务的老师的印象吗？有没有发生过什么事情，让你们对某位老师的印象比较深刻？

答：我对我们系管理学生事务的老师印象还比较好。有的老师工作时很勤奋，很严谨；有的老师很认真，待人很热情。总之，我和他们交流的时候都让我有种宾至如归的感觉。我印象最深刻的是，有一次要申请购置设备，需要学校多个部门协调，而那时候我刚入学，很多业务都没有接触过，所以就去询问系办公室朱老师。朱老师不仅很耐心地教我办事流程，还亲力亲为，帮我在学校几个部门之间来回奔波，我非常感谢这位老师。

问：我相信绝大多数老师都是真心真意为学生着想的。不过话说回来，在我们正在进行的一个问卷调查中，有部分受访者认为负责学生工作的老师可有可无，你是怎么看的？觉得有必要设置专门的老师来管理学生事务吗？

答：学生在学校里学习、生活，很多琐碎的事情都无法避免。有些根本就不知道该怎么去处理，有些自己去处理的话效率低下，意义不大，所以有必要设置专门老师来教导和管理学生事务。

问：那么，当你在生活中遇到某些难题时，比如说情感问题或者经济问题，首先想到的会是负责学生工作的老师吗？你们自己或者身边的同学是否有过这样的经历？

答：视情况而定吧。我觉得如果是一些比较私人的问题，能通过家人或者身边的同学朋友解决的，就不会麻烦老师。如果学生遇到一些特殊困难，比如重病，最好是求助于老师。我们系之前就有过这么一件事情，有位同学得了白血病，辅导员组织了全系同学为她捐款。

问：是的，学生工作确实是有一定的职能范围，超出了老师们的能力范围，他们也爱莫能助，这也是学生需要谅解老师的地方。最后，我想了解一下，你觉得院（系）的学生事务管理工作还有什么做得不够，需要进一步改进的呢？

答：我觉得本系的学生事务管理工作还不错，要指出不足的话，可能就是学院向学校转达学生诉求的时候没有什么效果。学生的一些要求得不到解决，这可能与学校方面也有关系。还有就是，现在学生独立性都强，对学生事务的管理需要把握好尺度，要在引导服务学生和不过分干涉学生这两者之间找到平衡。如果我是系领导，一些比较固定的事务要设置专人管理，学生辅导员要更加深入学生中间，组织活动、了解学生情况，当学生有需要的时候，全心全意为学生解决实际困难。

问：很感谢你能和我一起分享对于学生事务管理工作的看法。谢谢！

访谈录六

受访人：中山大学工学院博士生陆同学
采访人、撰稿人：黄冠文

采访人问（以下简称为"问"）：感谢你能接受采访，我们今天谈论的主题是"学生事务管理工作"，简单说来，可以理解为我们平常所说的"学生工作"。不知道你是怎样看待学生事务管理工作的呢？我知道你是书法协会的会长，一直负责着协会的事务，你觉得学院里的学生事务管理工作和对协会会员的管理工作有可比性吗？

受访人陆同学答（以下简称为"答"）：我觉得协会的管理与学院学生事务的管理并不一样。协会是学生团体，无论是干部还是普通会员都只是学生，地位比较平等。当谈到学院的学生工作，涉及的就是学生和老师之间的关系了。所以，协会虽然也和学院一样，有一定的规章纪律，但并不如学院的严格，管理上就宽松很多。

问：既然谈到了师生关系，那么作为学生，你对自己学院具体的学生事务管理工作情况有多少了解呢？会因为什么事情去找这些老师？对于那些不经常打交道的老师，是否知道他们的工作职能？

答：对于我们学院的学生事务管理工作，我了解得不是很多，大概知道有两位老师负责本科生的日常管理工作，两位老师负责研究生的。在申请助学贷款、宿舍、奖学金等事情的时候，我会去找学院里管理学生事务的老师。对于那些不常打交道的老师，他们的工作职能我就不是很了解了。

问：那么，能谈谈对管理学生事务的老师的印象吗？有没有发生过什么事情，让你对某位老师的印象比较深刻？

答：整体印象很好，很多老师都很热心。但让我印象最深刻的却是一件不太愉快的事。记得有一次我要调宿舍，需要学院盖章。当我找到负责办理相关手续的老师时，她没说出合理的理由就拒绝了我的申请，不给我盖章。我觉得一个老师应该为方便学生学习、生活着想，尽量去满足学生的合理需求。

问：我相信绝大多数老师都是真心真意为学生着想的。不过话说回来，在我们正在进行的一个问卷调查中，有部分受访者认为负责学生工作的老师可有可无，你们是怎么看的？觉得有必要设置专门的老师来管理学生事务么？

答：我觉得设置专门的老师来管理学生事务还是有必要的，因为学生事务种类繁多，有一个专门的、熟悉各种事务管理的老师来管理，会极大地方便学生。

问：那么，当你在生活中遇到某些难题时，比如说情感问题或者经济问题，首先想到的会是负责学生工作的老师吗？你们自己或者身边的同学是否有过这样的经历？

答：说实话，我在生活中遇到难题时，首先想到的不是负责学生工作的老师，因为我觉得没有必要什么事情都要去向他们寻找帮助，他们不是万能的。身边其他同学有没有过这样的经历我就不太清楚了，一般这种事也不太轻易和其他人讲。

问：最后，我想了解一下，你觉得你们院系的学生事务管理工作还有什么做得不够，需要进一步改进的呢？

答：其实我对我们学院的学生工作了解得不是很多，也说不上有什么需要改进的，但觉得管理研究生工作的老师，对不同导师的学生的态度很不一样。此外，对于学生事务管理工作，我更偏向于分工管理，不同的老师负责不同的工作，职能分工明确，学生遇到不同问题找不同的老师，这样可以提高管理的效率。

问：很感谢你能和我一起分享对于学生事务管理工作的看法。谢谢！

附录 关于高校学生事务管理工作的问卷调查（学生卷）

开始时间：2012 年 7 月 12 日

结束时间：2012 年 8 月 21 日

样本总数：260 份

原始数据来源：http：//www.sojump.com/report/1723341.aspx

数据与分析：

第 1 题 您正在攻读或已获得的最高学位：[单选题]

选项	小计	比例
大学本科	140	53.85%
硕士研究生	80	30.77%
博士研究生	40	15.38%
本题有效填写人次	260	

第 2 题 你是否会经常与负责学生事务管理工作的老师（如辅导员）打交道？[单选题]

选项	小计	比例
是	90	34.62%
否	170	65.38%
本题有效填写人次	260	

第 3 题 你是否认为负责学生事务管理工作的老师（如辅导员）对于你的学习、生活而言可有可无？[单选题]

选项	小计	比例	
是	80		30.77%
否	180		69.23%
本题有效填写人次	260		

第4题 你的学院里负责学生事务管理工作的老师是否给你留下过深刻的印象？[单选题]

选项	小计	比例	
是	160		61.54%
否	100		38.46%
本题有效填写人次	260		

第5题 如果在教师节时你给科任老师送上节日的问候，你是否也会给辅导员等负责学生事务管理工作的老师送上同样的祝福？[单选题]

选项	小计	比例	
是	120		46.15%
否	140		53.85%
本题有效填写人次	260		

第6题 当你在生活中遇到困难（学习问题、感情问题、经济问题等），你会否考虑寻求辅导员的帮助？[单选题]

选 项	小 计	比 例	
是	70		26.92%
否	190		73.08%
本题有效填写人次	260		

第7题 你是否觉得学习、生活中遇到的许多问题就算寻求辅导员等老师的帮助也根本无法解决？[单选题]

选 项	小 计	比 例	
是	140		53.85%
否	120		46.15%
本题有效填写人次	260		

第8题 你是否觉得学校设置专门的老师来管理你的学习和生活于你而言在某种程度上是一种约束？[单选题]

选 项	小 计	比 例	
是	70		26.92%
否	190		73.08%
本题有效填写人次	260		

第9题 你是否认为学生事务管理所做的都是些琐碎的、形式的、机械的事情？[单选题]

选 项	小 计	比 例	
是	100		38.46%
否	160		61.54%
本题有效填写人次	260		

第 10 题　你对你所在学院的学生事务管理工作感到满意吗？[单选题]

选　　项	小　计	比　　例	
很满意	70		26.92%
一般	130		50%
不满意	60		23.08%
本题有效填写人次	260		

第 11 题　请对你所在学院的学生事务管理工作提一些建议。[填空题（选做）]*

2012/7/12　9：48：48	无为而治
2012/7/12　10：03：24	少些分别心
2012/7/12　10：08：49	以心相待
2012/7/12　10：10：04	建议学院针对学生人数安排相对应的辅导员以及教务员来进行工作，不要造成人手不足的情况。另外，学院应该明确辅导员的职责范围，该范围不要太广，以免对学生事务管理造成反作用
2012/7/24　22：34：44	还可以
2012/7/24　22：36：44	很满意了
2012/7/25　14：56：02	甚好
2012/8/2　23：13：48	多服务，少管理

* 本题为选做题，表内为该题有效答案。

致　　谢

（以姓氏笔画为序）

培训教师：方芗老师（社会学与人类学学院）
　　　　　梁玉成副教授（社会学与人类学学院）
　　　　　漆小萍处长（学生处）

教授组

受访人：冯达文教授（哲学系）
　　　　古南永副教授（社会科学教育学院）
　　　　朱崇科教授（亚太研究院）
　　　　李　萍教授（社会科学教育学院）
　　　　肖　滨教授（政治与公共事务管理学院）
　　　　陈　希教授（中文系）
　　　　陈六平教授（化学与化学工程学院）
　　　　陈珠明教授（管理学院）
　　　　徐长福教授（哲学系）
　　　　翁时秀讲师（地理科学与规划学院）
　　　　梁洪涛教授（管理学院）

采访人：王少微（09级哲学专业　本科生）
　　　　付克新（09级马哲专业　博士生）
　　　　李　双（09级哲学专业　本科生）
　　　　李哲鹏（09级哲学专业　本科生）
　　　　杨　航（09级哲学专业　本科生）
　　　　吴淑瑶（09级哲学专业　本科生）

张昕琪（09 级哲学专业　本科生）
陈　梛（10 级中哲专业　博士生）
陈韵如（10 级哲学专业　本科生）
林东明（09 级哲学专业　本科生）
周宏胤（09 级哲学专业　本科生）
夏　雨（09 级逻辑学专业　本科生）
徐斌斌（12 级逻辑学专业　硕士生）
郭奕鹏（10 级马哲专业　博士生）
韩中谊（09 级中哲专业　博士生）
詹捷宇（12 级逻辑学专业　硕士生）

学工组

受访人：许俊卿（光华口腔医学院）
　　　　李善如（哲学系）
　　　　陈建存（法学院）
　　　　罗镇忠（法学院）
　　　　郝登峰（珠海校区党工委）
　　　　钟一彪（学生处）
　　　　莫　华（研究生院管理处）
　　　　曹　新（外国语学院）

采访人：王　腾（09 级哲学专业　本科生）
　　　　王月娇（09 级中文系　本科生）
　　　　李秀武（09 级哲学专业　本科生）
　　　　林东明（09 级哲学专业　本科生）
　　　　曾文嵛（09 级哲学专业　本科生）

校友组

受访人：马灿龙　马烈华　王韶松　方　旭　叶侨建　田　宇
　　　　丛凤辉　朱静君　刘　菡　许保家　孙树明　巫颂平
　　　　李　力　李　军　李山金　吴莉珊　张文邦　范高繁
　　　　林广生　林明瑶　罗宗毅　罗蓓君　周　薇　周炽成
　　　　郑世冰　赵雪伟　高　奇　黄立生　黄启乐　黄循伟
　　　　覃　晓　谢建年　谢德民　蔡　荍　谭广洪　黎岳梁
　　　　潘志清　魏塞娟

采访人：于思斯（09级哲学专业　本科生）
　　　　王　毓（10级哲学专业　本科生）
　　　　文欢欢（09级哲学专业　本科生）
　　　　邓任菲（11级哲学专业　本科生）
　　　　石越婕（10级哲学专业　本科生）
　　　　龙舒婷（10级哲学专业　本科生）
　　　　卢俊豪（10级哲学专业　本科生）
　　　　叶　涵（11级哲学专业　本科生）
　　　　叶子云（10级哲学专业　本科生）
　　　　叶剑梅（09级哲学专业　本科生）
　　　　叶奕丹（09级哲学专业　本科生）
　　　　田惠文（10级哲学专业　本科生）
　　　　邝镇原（10级哲学专业　本科生）
　　　　冯　军（10级哲学专业　本科生）
　　　　冯　悦（11级哲学专业　本科生）
　　　　冯诗楠（10级逻辑学专业　本科生）
　　　　宁　宇（10级哲学专业　本科生）
　　　　伍桂花（10级逻辑专业　本科生）
　　　　江　园（10级哲学专业　本科生）

许桂和（10级哲学专业　本科生）
阮靖嫄（11级哲学专业　本科生）
李　潇（11级哲学专业　本科生）
李雨晴（10级逻辑学专业　本科）
李嘉慧（11级哲学专业　本科生）
李嘉懿（11级哲学专业　本科生）
杨　鹏（09级逻辑学专业　本科生）
杨子琪（09级哲学专业　本科生）
吴柯璇（11级哲学专业　本科生）
吴嘉成（11级哲学专业　本科生）
何　楠（11级哲学专业　本科生）
何栩隽（10级哲学专业　本科生）
张　幸（11级哲学专业　本科生）
张志筠（09级哲学专业　本科生）
陈　顾（11级哲学专业　本科生）
陈　超（11级哲学专业　本科生）
陈柏鸿（11级哲学专业　本科生）
陈琳琳（09级哲学专业　本科生）
林哲珣（11级哲学专业　本科生）
欧悟晨（10级哲学专业　本科生）
罗　慧（10级哲学专业　本科生）
罗丹丽（11级哲学专业　本科生）
周　俊（10级哲学专业　本科生）
赵　斐（11级哲学专业　本科生）
赵晓瑜（11级哲学专业　本科生）
秦晓阳（10级哲学专业　本科生）
贾　坤（11级哲学专业　本科生）
徐嘉玮（10级哲学专业　本科生）
黄　俊（11级哲学专业　本科生）

梅沙白（10级哲学专业　本科生）
梁杏芬（09级哲学专业　本科生）
梁美子（09级哲学专业　本科生）
董雪莹（11级哲学专业　本科生）
曾艺轩（10级哲学专业　本科生）
曾文崙（09级哲学专业　本科生）
蔡倩愉（11级哲学专业　本科生）
蔺昱夏（10级逻辑学专业　本科生）
谭漪芩（10级哲学专业　本科生）

学生组

受访人：王　路（人类学系　博士生）
　　　　冯　聪（心理学系　博士后）
　　　　向同学（公共卫生学院　本科生）
　　　　刘同学（公共卫生学院　本科生）
　　　　余章馨（地球科学系　博士生）
　　　　陆仪启（工学院　博士生）

采访人：王　萌（11级逻辑学专业　硕士生）
　　　　姜婷婷（09级逻辑学专业　本科生）
　　　　黄冠文（11级中国哲学专业　硕士生）

后 记

从季暑的碧荷蝉鸣始，至仲冬的落叶清风止，不知不觉间，访谈活动和编书工作已经走近付梓之期。

回顾访谈活动，我们为受访者的积极配合和热烈关注深深感动。例如，进行访谈活动的日子正值李萍副书记公务繁忙之际，但在听说了是关于"学生事务管理"的主题访谈后，李萍副书记拨冗接受了采访，其在采访过程中的真切体会和诚挚意见是编者笔下宝贵的素材；再如，已至耄耋的冯达文教授，在得知编者的需要后立刻与同学相约面谈，积极配合本书的采访需求，采访期间，冯教授引经据典，由古及今，从人生历史之纵向历程谈起，再结合当代现实之横向联系，讲述了逾半个世纪的教学经验和对"高校学生事务管理"的人生体悟，让人如沐春风……此时想来，访谈活动有太多让人感动和惊叹的事情，这些事情既是我们不厌疲倦、苦苦坚持的理由，亦是我们心底最温暖的慰藉。在此，肩负满满的感激之情，编者用沉甸甸的笔写下对接受采访的众多学者教授、学工、校友和同学最诚挚的谢意。

回首本书的整理编订过程，我们为受访者的沉稳态度和积极意见所折服。例如，来自化工学院的陈六平教授在收到我们的初稿时，虽正在外地参加重要会议，仍迅速发回了满满的修改意见；再如，钟一彪副处长虽处于开学的繁忙时段，仍迅速地回复稿件，修改意见写得非常认真翔实……凡此种种，不胜枚举，给予我们极大的帮助。对于这些有着繁重科研任务和日常事务压力的教授和老师的大力支持与配合，借此机会，我们致以最崇高的敬意和最诚挚的谢意。

此外，要感谢中山大学学生处处长漆小萍的指导与支持；感谢"985"三期的经费支持；感谢中山大学出版社的所有工作人员，尤其是本书的责任编辑刘丽丽老师对本书给予的大力支持；当然，还要感谢所有参与本次专项课题活动的老师和同学，本书的成功出版离不开他们的辛勤付出。

仰之弥高，钻之弥坚，越是了解得深，越发现能走的路更加深远。编者以为，我们列证著书，立其诚，修其辞，旨在为各位读者提供多角度、多层次的反思，旨在为相关方面的理论研究工作提供正面的启示，如有阙如之处，恳请读者和专家见谅和批评。希望各位参与者记住这份执著和愉悦，各位受访者能收获一份满意和一份欣喜；最后，希望"高校学生事务的声音"不绝于耳！

编者于康乐园

2012 年 10 月